W0222645

COCINA FÁCIL Y LIGERA

TORMONT

COCINA FÁCIL Y LIGERA

CONTENIDO

Fotografías: Peter Barry
Estilista: Helen Burdett
Diseño: Alison Jewell y Sally Strugnell
Diseño de la Cubierta: Zapp
Editor: Jillian Stewart
Versión en castellano: Herenia Antillón Almazán
Adaptación para España: Isabel Martínez Villarraga

En opinión de los editores, la información contenida en esta obra es verdadera y completa. Todas las recomendaciones se hacen sin garantía por parte del autor ni los publicitas, quienes no se hacen reponsables del uso que pueda hacerse de esta información.

©1991 Colour Library Books Ltd.,
Godalming, Surrey, Inglaterra

Derechos Reservados:

Publicado en 1994 por Tormont Publications Inc.
338 Saint Antoine St. East, Montreal, Canada H2Y 1A3
Tel. (514) 954-1441 Fax (514) 954-5086

Impreso en Canadá
ISBN 2-89429-172-8

COCINA FÁCIL Y LIGERA

BAJO EN COLESTEROL

PARA CUIDAR SU CORAZÓN

BAJO EN COLESTEROL

Introducción

La salud y la dieta están estrechamente relacionadas y hasta tal punto somos conscientes de ello, que ya nadie piensa que el comer sano sea tan sólo una moda pasajera. Las enfermedades del corazón en particular, son una de las dolencias que en el mundo occidental tienen un desenlace fatal y entre los factores más importantes que lo originan se encuentra la dieta alta en colesterol.

Todos los tejidos de origen animal contienen colesterol y el cuerpo humano produce esta substancia grasa en el hígado. El colesterol es necesario básicamente para llevar las grasas a través del torrente sanguíneo, pero cuando se acumula en exceso, se deposita en las paredes de las arterias disminuyendo su diámetro y restringiendo el flujo sanguíneo en todo el cuerpo. Si el bloqueo es total, se produce un ataque cardíaco.

Para reducir el exceso de colesterol, debemos cambiar nuestros hábitos alimenticios reduciendo la cantidad de productos y de grasas animales que ingerimos.

La investigación ha demostrado que al comer grasas que no sean de origen animal, se pueden reducir los niveles de colesterol en la sangre. La razón es que las grasas vegetales son ricas principalmente en enlaces no saturados (polinsaturados) y estos ayudan a regular el flujo sanguíneo manteniendo las arterias libres de depósitos grasos. Por lo tanto, las grasas no saturadas de las verduras se pueden incluir libremente en una dieta baja en colesterol, pero hay que limitar el consumo de productos ricos en grasas animales, tales como la carne roja, el cerdo y los productos lácteos. El pescado contiene un tipo de grasa denominado monoinsaturada, que no influye sobre los niveles de colesterol en la sangre; por lo tanto, se puede incluir en la dieta sin efectos perjudiciales. Los mariscos tienen un alto contenido de colesterol y conviene evitarlos.

Se debe tener presente que algunos productos como las margarinas, no siempre son tan "saludables" como sugiere su envase. El procedimiento denominado hidrogenación cambia las grasas no saturadas en saturadas, así que lea las etiquetas cuidadosamente y no compre artículos que contengan "grasas vegetales hidrogenadas" o "grasas no saturadas hidrogenadas".

Las recetas de este capítulo tienen un bajo contenido en colesterol y han sido incluidas por que ofrecen una diversidad de productos que combinan sabor y variedad con una sana alimentación. Así que al explorar las recetas de las páginas siguientes se dará cuenta que mientras protegen su salud, los alimentos nutritivos también pueden hacerle agua la boca.

PARA 4 A 6 PERSONAS

SOPA DE CEBOLLA

Esta deliciosa receta demuestra que los alimentos buenos para su corazón no tienen porqué ser insípidos ni aburridos.

60 g de margarina baja en colesterol
900 g de cebollas peladas y en rodajas
3 c/das de azúcar
60 g de harina
1,8 litros de caldo de pollo o agua
Sal y pimienta negra recién molida
1 1/2 c/ditas de tomillo en polvo
1,5 dl de vino blanco seco o jerez seco
12 rodajas de pan de barra de 2,5 cm
3 c/das de aceite de oliva
60 g de queso gruyère (o manchego semi-curado) rallado, opcional
Perejil fresco para adornar

1. Derrita la margarina en una cazuela grande. Agregue las cebollas y el azúcar. Sofría sin tapar a fuego lento, removiendo ocasionalmente durante 15 ó 20 minutos o hasta que se doren las cebollas.

2. Agregue la harina a las cebollas y sofría durante 1 minuto.

3. Vierta el caldo por encima muy lentamente, sin dejar de remover, hasta que se incorpore bien.

4. Sazone con sal, pimienta y tomillo y agregue el vino o jerez. Ponga la sopa a fuego lento y deje que hierva un poco.

5. Tape parcialmente la cazuela y deje hervir a fuego muy lento de 20 a 30 minutos.

6. Unte las rodajas de pan ligeramente por ambos lados con el aceite de oliva y colóquelas en una rejilla metálica.

7. Tueste ligeramente un lado del pan en el horno hasta que esté ligeramente dorado claro.

Paso 1 Dore las cebollas en una cazuela grande con la margarina y el azúcar.

Paso 2 Unte ligeramente las rodajas de pan con aceite de oliva.

8. De la vuelta a las rodajas de pan y póngales el queso rallado, si lo va a utilizar.

9. Vuelva a poner en el horno las rodajas de pan y cocínelas hasta que el queso se derrita y se dore o, si no utiliza queso, hasta que se dore un poco el otro lado del pan.

10. Sirva la sopa en cuencos individuales y coloque encima 2 ó 3 rodajas de pan. Adorne con perejil fresco.

Notas del chef

Tiempo
La preparación requiere aproximadamente 20 minutos y tarda entre 45 minutos y 1 hora en cocinarse.

Congelación
Esta sopa se congela muy bien, pero debe preparar pan fresco cada vez que vaya a consumirla.

Sugerencia
Si agrega azúcar, la cebolla se dora mejor. Para una sopa más clara, suprima el azúcar y fría las cebollas hasta que estén tiernas, sin dejar que se doren.

Tipo de grasa
El caldo de pollo contiene pequeñas cantidades de grasa saturada. El queso contiene una cantidad más alta, pero se utiliza en cantidades tan pequeñas que carece de importancia. Si lo desea, use caldo de verduras y no agregue queso.

PARA 4 PERSONAS

SOPA DE APIO Y MANZANAS

Interesante combinación de sabores cuyo resultado es una deliciosa sopa, también adecuada para vegetarianos.

2 c/das de margarina baja en colesterol
1 cebolla grande pelada y finamente picada
3 manzanas para cocinar, sin piel ni corazón y en rodajas
1,2 litros de caldo de verduras
1 hoja de laurel
Sal y pimienta negra recién molida
3 tallos de apio finamente picados
Apio finamente cortado para adornar

Paso 2 Cueza las manzanas con la cebolla hasta que empiecen a ablandarse.

1. Derrita la margarina en una cazuela grande y agréguele la cebolla. Sofría a fuego lento durante 5 minutos o hasta que la cebolla esté tierna pero no dorada.

2. Agregue las manzanas a la mezcla de cebolla y cocine otros 3 minutos, o hasta que se empiecen a ablandar.

3. Agregue la mitad del caldo junto con la hoja de laurel y los condimentos. Cuando rompa a hervir, disminuya la temperatura y tape; deje hervir a fuego lento durante media hora. Retire la hoja de laurel.

4. Ponga el caldo restante en otra cazuela junto con el apio. Deje que rompa a hervir, tape y cocine a fuego lento durante 30 minutos.

5. Vierta la mezcla de manzana y cebolla en la batidora y bata hasta que esté cremosa.

6. Incorpore la mezcla de cebolla y manzana a la cazuela que contiene el caldo con el apio.

7. Ponga de nuevo la cazuela en el fuego y deje que hierva. Adorne con los trozos de apio y sirva inmediatamente.

Paso 4 Cueza el apio a fuego bajo en la mitad del caldo, hasta que esté tierno.

Paso 6 Incorpore la cebolla y las manzanas al caldo con apio, removiendo hasta que se mezclen bien.

Notas del chef

Tiempo
La preparación requiere aproximadamente 15 minutos y la cocción tarda más o menos 45 minutos.

Para servir
Acompañe con bollos de trigo integrales o con una barra de pan.

Congelación
Esta receta se presta para congelarla.

Tipo de grasa
Esta sopa no contiene grasas saturadas.

PARA 4 PERSONAS

VICHYSSOISE

Esta sopa francesa generalmente se toma fría, aunque es deliciosa también si se sirve caliente.

3 puerros grandes
2 c/das de margarina baja en colesterol
1 cebolla mediana pelada y en rodajas
2 patatas medianas peladas y en rodajas finas
6 dl de caldo de verduras
Sal y pimienta blanca molida
3 dl de leche desnatada
Perejil o cebollinos finamente picados para adornar

1. Corte los dos extremos de los puerros y quíteles la hoja externa.

2. Abra los puerros a lo largo cortando hasta el centro.

3. Sostenga los puerros bajo el chorro del agua fría para lavar la tierra y la arena entre las hojas.

4. Píquelos muy finitos con un cuchillo afilado.

5. Derrita la margarina en una cazuela y agréguele los puerros y la cebolla picada. Tape y déjelos 10 minutos a fuego lento para que suelten líquido.

6. Agregue las patatas a los puerros y viértales el caldo.

7. Sazone con sal y pimienta, tape y deje cocer a fuego lento durante 15 minutos o hasta que las patatas estén tiernas.

8. Bata la sopa en la batidora o en el procesador de alimentos hasta que esté cremosa.

9. Vierta de nuevo la sopa en la cazuela e incorpórele la leche. Pruébela, y si es necesario, añádale sal y pimienta y caliente hasta que casi rompa a hervir. Retire del fuego.

10. Puede servir la sopa inmediatamente o dejar que se enfríe y ponerla en la nevera por lo menos dos horas.

11. Para servir la sopa, adórnela con el perejil o con los cebollinos finamente picados.

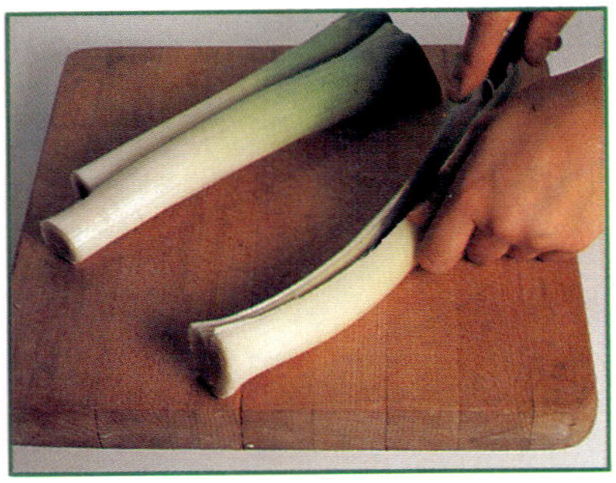

Paso 2 Abra cada puerro a lo largo cortando hasta el centro.

Paso 3 Sostenga los puerros abiertos bajo el chorro del agua fría, dejándola que penetre entre las hojas para quitar bien la tierra y arena.

Paso 8 Bata la sopa en la batidora o en el procesador de alimentos hasta que esté cremosa.

Notas del chef

Tiempo
La preparación requiere aproximadamente 15 minutos, más el tiempo de refrigeración. La cocción tarda más o menos 30 minutos.

Para servir
Sirva con rodajas de pan ligeramente tostado o con pan de trigo integral.

Congelación
Esta sopa se presta para congelar.

Tipo de grasa
La leche empleada en esta sopa contiene una cantidad mínima de grasas saturadas.

PARA 4 PERSONAS

POLLO SATAY

Este plato típico de Indonesia tiene un sabor picante, pero los ingredientes tienen un bajo contenido de grasa, lo que lo convierte en una excelente entrada para cuatro personas.

3 c/das de salsa de soja
3 c/das de aceite de sésamo
3 c/das de zumo de limón verde
1 1/2 c/ditas de comino en polvo
1 1/2 c/ditas de jengibre
3 c/ditas de cilantro en polvo
450 g de pechuga de pollo cortada en dados de 2,5 cm
3 c/das de aceite de cacahuate
1 cebolla pequeña finamente picada
1 1/2 c/ditas de chile en polvo
125 g de manteca de cacahuete con trocitos de cacahuete
1 1/2 c/ditas de azúcar moreno
Gajos de limón y hojas de cilantro para adornar

1. Ponga la salsa de soja, el aceite de sésamo, el zumo de limón, el comino, la cúrcuma y el cilantro en un cuenco grande y revuelva bien.

2. Agregue el pollo a la mezcla de salsa de soja y remueva hasta que la carne se cubra completamente.

3. Cubra con papel adherente o con un paño mojado y deje reposar en la nevera por lo menos 1 hora y, de ser posible, toda la noche.

4. Escurra la carne pero guarde la salsa.

5. Ensarte el pollo en 4 brochetas grandes o en 8 pequeñas y resérvelo.

6. Caliente el aceite de cacahuate en una sartén pequeña y agréguele la cebolla y el chile en polvo. Sofría la cebolla a fuego lento hasta que se ablande.

7. Revuelva la salsa que apartó con la mezcla de aceite y cebolla, la manteca de cacahuate y el azúcar moreno. Caliente a fuego lento, removiendo sin parar hasta que todos los ingredientes se incorporen bien.

8. Si la salsa está muy espesa, agréguele de 2 a 4 cucharadas de agua hirviendo.

Paso 5 Ensarte la carne macerada en 4 brochetas largas o en 8 cortas.

Paso 9 Unte el pollo parcialmente asado con un poco de la salsa ya mezclada con la manteca de cacahuate.

9. Caliente previamente el asador, coloque las brochetas de pollo en la bandeja del horno y cocínelas de 10 a 15 minutos a fuego moderado. Después de los primeros 5 minutos de cocción, unte la carne ensartada con un poco de la salsa de cacahuate ya preparada.

10. Durante el tiempo de cocción, de vuelta al pollo con frecuencia para que se ase de forma regular y no se tueste demasiado.

11. Para servir, adorne las brochetas con el limón y las hojas de cilantro. La salsa restante se pone por separado.

Notas del chef

Tiempo
La preparación requiere aproximadamente 25 minutos y la cocción tarda más o menos 15 minutos.

Para servir
Acompañe con una ensalada mixta.

Variante
Para preparar una brocheta vegetariana, utilice diversas verduras frescas, que no contienen grasas saturadas, en lugar del pollo.

Tipo de grasa
El pollo contiene bajas cantidades de grasas saturadas. El resto de los ingredientes contienen grasas no saturadas.

PARA 4 A 6 PERSONAS

BUÑUELOS DE VERDURAS CON SALSA DE TOMATE

Esta deliciosa receta resulta un plato ideal a cualquier hora. Aproveche sus verduras favoritas o las de temporada.

125 g de harina
125 g de harina integral
1 1/2 c/ditas de sal
1 c/dita de chile en polvo
1 1/2 c/ditas de comino en polvo
3 dl de agua
1 1/2 c/das de zumo de limón
1 coliflor pequeña cortada en ramitos
1 berenjena cortada en dados de 2,5 cm
3 calabacines limpios y cortados en trozos de 2,5 cm
2 tazas de champiñones sin tallo
1 pimiento rojo sin semillas cortado en aros de 0,5 cm de grosor
1 pimiento verde sin semillas cortado en aros de 0,5 cm de grosor
1 patata grande pelada y cortada en dados de 2,5 cm
400 g de tomates miniatura en conserva escurridos
1 guindilla roja sin semillas y picada
1 diente de ajo picado
1 cebolla pequeña pelada y finamente picada
1 1/2 c/das de vinagre de vino blanco
1 1/2 c/das de azúcar moreno
Sal y pimienta negra recién molida al gusto
1 guindilla roja en rodajas para adornar
1 guindilla verde en rodajas para adornar

1. Ponga las dos harinas, la sal, el chile en polvo y el comino en un cuenco grande. Haga un hueco pequeño en el centro.

2. Añádale poco a poco el agua y el zumo de limón a la harina, batiendo bien hasta obtener una pasta uniforme.

3. Lave las verduras frescas y déjelas escurrir bien sobre toallas de papel o sobre un paño limpio.

4. Ponga los tomates, la guindilla picada, el ajo, la cebolla, el vinagre y el azúcar en el procesador de alimentos o en la batidora y mezcle hasta que la salsa esté cremosa.

5. Vierta la mezcla de salsa en una cazuela pequeña y caliente a fuego lento, removiendo hasta que se caliente bien. Sazone con sal y pimienta y pásela a un pequeño plato hondo, adornando con rodajas de guindillas rojas y verdes.

6. Caliente un poco de aceite de girasol en una freidora hasta que dore un dado de pan de 2,5 cm en menos de un minuto.

7. Asegúrese de que las verduras estén completamente secas y, si es necesario, absorba la humedad restante con toallas de papel.

8. Con una espumadera, ponga unas cuantas verduras en la pasta y remuévalas hasta que se cubran perfectamente.

9. Saque las verduras de la pasta, usando de nuevo la paleta y deje que la pasta escurra al cuenco.

10. Pase las verduras por el aceite caliente y sofríalas rápidamente hasta que se doren y esponje la pasta.

11. Saque las verduras ya fritas del aceite y quíteles la grasa completamente con toallas de papel; manténgalas calientes hasta que haya preparado de la misma manera las verduras restantes.

12. Sirva inmediatamente, presentándolo con pequeños tenedores para mojar las verduras en la salsa picante.

Notas del chef

Tiempo
La preparación requiere aproximadamente 20 minutos y la fritura tarda más o menos 1/2 hora.

Atención
Todas las verduras deben estar completamente secas antes de cubrirlas con la pasta, ya que si están mojadas, no las cubre.

Tipo de grasa
Este plato no contiene grasa saturada, pero es importante cerciorarse de que el aceite que utilice para freír sea polinsaturado y fresco.

PARA 6 PERSONAS

ENSALADA DE ATÚN, JUDÍAS POCHAS Y TOMATES

El pescado es de gran valor en las dietas bajas en colesterol, ya que contiene grasas monoinsaturadas que no afectan los niveles de colesterol en la sangre.

225 g de judías pochas crudas
180 g de atún en conserva en escabeche
Zumo de 1 limón
1,5 dl de aceite de oliva
1 1/2 c/ditas de hierbas frescas picadas, como perejil, albahaca o mejorana
Sal y pimienta negra fresca recién molida
8 tomates duros

1. Ponga las judías en un bol y viértales suficiente agua fría para cubrirlas. Déjelas en remojo toda la noche.

2. Escurra las judías pochas y póngalas en una cazuela. Cúbralas con agua hirviendo y déjelas hervir a fuego lento durante al menos 1 hora, hasta que estén tiernas. Escurra bien y deje enfriar.

3. Escurra el líquido y desmenuce el atún en un cuenco.

4. Ponga el zumo de limón en un bol pequeño con el aceite de oliva, las hierbas y los condimentos y remueva con un tenedor.

5. Añada las judías a la mezcla de atún junto con el aderezo, removiendo con cuidado para no desmigajar el atún.

6. Rectifique de sal y pimienta y coloque la ensalada apilándola en el centro de una fuente de servir.

7. Corte una pequeña cruz en la piel de los tomates y sumérjalos en agua hirviendo durante 30 segundos.

8. Quíteles la piel cuidadosamente con un cuchillo afilado.

9. Corte los tomates en rodajas finas y colóquelos alrededor de la ensalada de judías y atún. Sirva inmediatamente.

Paso 5 Mezcle el aderezo con la ensalada, removiendo con cuidado. Procure que el atún no se desmigaje demasiado.

Paso 8 La piel de los tomates se quita con facilidad con un cuchillo afilado después de hervirlos.

Notas del chef

Tiempo
La preparación requiere aproximadamente 25 minutos, más el remojo durante toda la noche.

Variante
Utilice el tipo de judías que más le guste.

Atención
Cueza siempre bien las judías, ya que crudas son indigestas.

Tipo de grasa
Esta receta contiene grasas monoinsaturadas y polinsaturadas.

Para servir
Acompañe con una sencilla ensalada de lechuga.

PARA 4 PERSONAS

PATÉ DE CABALLA AHUMADA

El pescado ahumado tiene un sabor excelente, por lo que es ideal para hacer paté.

225 g de filetes de caballa ahumada sin piel ni espinas
60 g de margarina baja en colesterol
Zumo de media naranja
1 1/2 c/ditas de pasta de tomate
1 1/2 c/ditas de vinagre de vino blanco
Sal y pimienta negra recién molida, opcional
100 g de pimiento morrón enlatado
3 dl de consomé de verduras
3 c/ditas de gelatina en polvo
3 c/das de jerez seco
3 c/das de agua fría

1. Mezcle la caballa con la margarina, el zumo de naranja, la pasta de tomate, el vinagre y los condimentos en una batidora o procesador de alimentos.

2. Coloque el paté en una fuente de servir y alise la parte superior para que quede plano.

3. Corte los pimientos en tiras finas y colóquelos encima del paté de manera que formen cuadros.

4. Ponga el consomé a hervir en una cazuela pequeña. Retírela del fuego y deje enfriar 1 minuto.

5. Espolvoree la gelatina y deje reposar revolviendo ocasionalmente hasta que se disuelva por completo.

6. Una vez que la gelatina se disuelva, el líquido debe estar transparente. Añada el jerez y el agua fría.

Paso 3 Coloque las tiras de pimiento encima del paté formando cuadros.

Paso 5 Espolvoree la gelatina sobre el consomé caliente y déjela reposar hasta que se disuelva completamente.

7. Vierta cuidadosamente el aspic encima del paté de caballa ya adornado con pimientos, teniendo cuidado de no deshacer el dibujo formado.

8. Enfríe el paté en la nevera hasta que el aspic cuaje completamente.

Notas del chef

Tiempo
La preparación requiere aproximadamente 30 minutos, más el tiempo de refrigeración. La cocción tarda aproximadamente 2 minutos.

Variante
En esta receta puede utilizar cualquier tipo de pescado ahumado en lugar de la caballa.

Preparación
Si no tiene batidora o procesador de alimentos, puede hacer este paté moliendo los ingredientes con un tenedor, pero la textura no será tan fina.

Tipo de grasa
El pescado contiene grasas monoinsaturadas, que no influyen sobre los niveles de colesterol en la sangre.

Para servir
Acompañe con pan crujiente de trigo integral o con pan de barra tostado.

PARA 4 A 6 PERSONAS

SORBETE DE TOMATE Y PIMIENTO

Esta entrada, similar al gazpacho congelado, resulta ideal para servirla en los cálidos días de verano. También se ofrece en pequeñas cantidades para refrescar el paladar entre platos, en lugar del tradicional batido dulce.

6 cubos de hielo
1 dl de zumo de tomate en conserva
Zumo de 1 limón
1 1/2 c/ditas de salsa inglesa
1/2 pimiento verde pequeño sin semillas y picado
1/2 pimiento rojo pequeño sin semillas y picado

1. Rompa el hielo en trocitos con un martillo pequeño.

2. Ponga los trocitos de hielo en la batidora, junto con el zumo de tomate, el zumo de limón y la salsa inglesa. Bata hasta obtener una consistencia de nieve semiderretida.

3. Vierta la mezcla de tomate en cubetas para hielo y congele 1/2 hora o hasta que esté a medio congelar.

4. Corte los pimientos en trozos pequeños con un cuchillo muy afilado.

5. Saque el tomate helado de las cubetas para hielo y póngalo en un cuenco.

6. Pique el tomate helado con un tenedor hasta romper bien los cristales.

7. Añada los pimientos picados y vuelva a poner el tomate helado en las cubetas del hielo.

8. Congele de nuevo durante 1 1/2 horas más, removiendo ocasionalmente para evitar que la mezcla se solidifique completamente.

9. Para servir, descongele 5 minutos el tomate helado y tritúrelo de nuevo con un tenedor para romper un poco los cristales. Sírvalo en platos de cristal, previamente enfriados.

Paso 2 Bata el hielo con el zumo de tomate, el zumo de limón y la salsa inglesa hasta que se incorporen bien.

Paso 6 Triture el hielo de tomate semicongelado con un tenedor para romper todos los cristales.

Paso 8 Mientras se congela, remueva varias veces con un tenedor, a fin de que no se convierta en un bloque sólido.

Notas del chef

Tiempo
La preparación requiere aproximadamente 15 minutos, más el tiempo de congelación.

Congelación
Esta receta congela bien hasta por 2 meses.

Atención
Tenga cuidado de que el tomate helado no forme un bloque sólido al congelarse, ya que es difícil romper los cristales de hielo.

Para servir
Sirva este batido en tomates, a los cuales les ha retirado la pulpa y las semillas, en lugar de en platos de cristal.

Tipo de grasa
Esta receta no contiene grasa.

PARA 4 PERSONAS

ENSALADA VERANIEGA DE PASTA

Esta deliciosa y nutritiva ensalada combina pasta de trigo entero con verduras ligeramente cocidas.

1 berenjena
1 calabacín
1 pimiento rojo
1 pimiento verde
1 cebolla mediana
2 tomates grandes
6 c/das de aceite de oliva
1 diente de ajo picado
Sal y pimienta negra recién molida
225 g de pasta de tornillos de trigo integral
1 1/2 c/das de vinagre
3/4 c/dita de mostaza inglesa en polvo

Paso 1 Ponga abundante sal a las rodajas de berenjena y déjelas reposar 30 minutos para que no queden amargas.

1. Corte la berenjena en rodajas de 1,5 cm. Añádales sal abundantemente y deje reposar 30 minutos.

2. Retire los extremos de los calabacines con un cuchillo afilado y córtelos en rodajas de 0,5 cm.

3. Corte los pimientos por la mitad y quíteles con cuidado las fibras y las semillas del interior. Córtelos en tiritas con un cuchillo afilado.

4. Pele la cebolla y píquela finamente.

5. Corte una pequeña cruz en la piel de los tomates y sumérjalos en agua hirviendo durante 30 segundos. Pasado este tiempo, sáquelos y quíteles la piel con cuidado.

6. Corte los tomates ya pelados en 8. Quítele las semillas a cada trozo.

7. Ponga 3 cucharadas de aceite de oliva en una sartén y añada la cebolla. Sofríala hasta que esté transparente sin que se dore.

8. Enjuague perfectamente la sal a las rodajas de berenjena y séquelas con toallas de papel. Píquelas en trozos grandes.

9. Añada las berenjenas picadas, los calabacines, los pimientos, los tomates y el ajo en las cebollas y sofría a fuego lento durante 20 minutos o hasta que empiecen a ablandarse. Sazone con sal y pimienta y deje que enfríen.

Paso 9 Sofría todas las verduras, removiéndolas con frecuencia para que no se doren.

10. Ponga la pasta de tornillos en una cazuela y cúbrala con agua hirviendo. Agregue un poco de sal y deje cocer 10 minutos o hasta que esté blanda, pero aún firme.

11. Enjuague la pasta en agua fría y escúrrala muy bien.

12. Bata en un tazón pequeño el resto del aceite de oliva con el vinagre y la mostaza. Sazone con sal y pimienta.

13. Ponga la pasta y las verduras frías en una ensaladera y riegue con el aderezo, revolviendo para que se cubran bien. Sirva bien frío.

Notas del chef

Tiempo
La preparación requiere aproximadamente 40 minutos y la cocción tarda más o menos 30 minutos.

Preparación
Cerciórese de que la berenjena esté muy bien enjuagada o la ensalada quedará muy salada.

Tipo de grasa
El aceite de oliva contiene grasas polinsaturadas, por lo que es benéfico para quienes llevan una dieta baja en colesterol.

PARA 4 A 6 PERSONAS

ENSALADA SALTEADA DE TOFÚ

Ideal para los vegetarianos, pero tan sabrosa que todos van a disfrutarla.

1 cuadro de tofú
125 g de "pois gourmands" (*)
60 g de champiñones
2 zanahorias peladas
2 tallos de apio
4 cebollas tiernas
1,5 dl de aceite de girasol
60 g de ramitos de brécol
4 1/2 c/das de zumo de limón
3 c/das de miel
1 1/2 c/ditas de jengibre fresco rallado
4 1/2 c/das de salsa de soja
Unas gotas de aceite de sésamo
60 g de cacahuetes tostados sin sal
125 g de brotes de soja
1/2 col china

1. Escurra bien el tofú y oprímalo suavemente para quitarle la humedad sobrante. Córtelo en dados de 1 cm.

2. Corte los extremos de los "pois gourmands".

3. Corte los champiñones en láminas finas con un cuchillo afilado.

Paso 4 Corte las zanahorias y el apio muy finos, en ángulo, para que los trozos sean diagonales.

4. Corte las zanahorias y el apio en rodajas finas, inclinando el cuchillo para que los cortes sean diagonales.

5. Limpie las cebollas y córtelas del mismo modo que las zanahorias y el apio.

6. Caliente 3 cucharadas de aceite de girasol en una sartén grande. Agregue los "pois gourmands", los champiñones, el apio, las zanahorias y el brécol y sofría durante 2 minutos, removiendo todo el tiempo.

7. Saque las verduras de la sartén y deje que se enfríen.

8. Ponga el resto del aceite en un cuenco pequeño y agréguele el zumo de limón, la miel, el jengibre, la salsa de soja y el aceite de ajonjolí, revolviendo bien.

9. Mezcle las cebollas ya cortadas, los cacahuetes y los brotes de soya con las verduras frías.

10. Mezcle el aderezo con las verduras de la ensalada y añádales el tofú. Revuelva con cuidado para que no se rompa.

11. Corte, lave y escurra la col y colóquela en una fuente. Ponga encima los ingredientes de la ensalada y sirva bien fría.

Paso 10 Revuelva la ensalada y el tofú con mucho cuidado para que éste no se rompa.

(*) Los "pois gourmands" son pequeños guisantes muy tiernos y de color verde brillante. Ricos en azúcar, en potasio y en vitaminas, se comen junto con la vaina.

Notas del chef

Tiempo
La preparación requiere aproximadamente 25 minutos, y la cocción tarda de 2 a 4 minutos.

Preparación
Asegúrese de que las verduras salteadas estén completamente frías antes de añadir el resto de los ingredientes de la ensalada, o se ablandarán.

Variante
En lugar de tofú, puede usar pollo cocido desmenuzado.

Tipo de grasa
En esta receta, todas las grasas son polinsaturadas.

PARA 4 PERSONAS

BERENJENAS A LA MEDITERRÁNEA

Estas deliciosas berenjenas rellenas se sirven como acompañamiento en una comida para cuatro personas o como plato principal para dos personas.

2 berenjenas pequeñas
30 g de margarina baja en colesterol
1 cebolla pequeña finamente picada
1 diente de ajo picado
125 g de tomates
150 g de arroz de grano largo cocido
3 c/ditas de mejorana fresca picada
Una pizca de canela
Sal y pimienta negra recién molida

1. Caliente previamente el horno a 180 °C. Envuelva las berenjenas en papel de aluminio y hornéelas durante 20 minutos para que se ablanden. Deje que se enfríen.

2. Corte las berenjenas por la mitad a lo largo y, con una cucharilla con sierra o un cuchillo para pomelo, sáqueles el centro con cuidado dejando una concha de 1 cm de grosor.

3. Derrita la margarina en una sartén y sofría con cuidado la cebolla y el ajo hasta que empiecen a ablandarse.

4. Corte las berenjenas en trozos gruesos y agréguelas a la cebolla. Tape y cocine aproximadamente 5 minutos.

5. Corte una pequeña cruz en la piel de cada tomate y sumérjalos 30 segundos en agua hirviendo.

6. Saque los tomates del agua y pélelos con cuidado usando un cuchillo bien afilado.

7. Corte los tomates en cuatro y quíteles el centro y las semillas. Pique la pulpa del tomate en trozos grandes e incorpórelos a la mezcla de berenjenas y cebolla cocidas, junto con el arroz, la mejorana y la canela. Sazone con sal y pimienta.

8. Ponga el relleno de arroz en las conchas de las berenjenas y colóquelas en una fuente para hornear o en moldes para magdalenas. Cubra con papel de aluminio.

9. Ponga de nuevo en el horno y deje cocer 20 minutos. Sírvalas calientes adornándolas con un poco de perejil finamente picado, si le gusta.

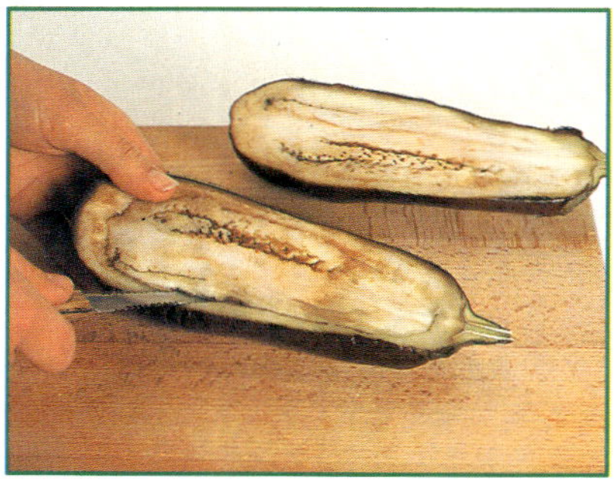

Paso 2 Con un cuchillo para pomelo o una cucharilla con sierra, saque la pulpa de cada berenjena con cuidado, dejando un borde interior delgado para formar una concha.

Paso 7 Saque las semillas de los tomates pelados y tírelas.

Notas del chef

Tiempo
La preparación requiere 25 minutos y la cocción tarda más o menos 40 minutos.

Preparación
Tenga cuidado de no cortar la piel de las berenjenas cuando les saque la pulpa.

Variante
Si le agrada, o si cabe, puede agregar 60 g de gruyère al relleno.

Tipo de grasa
Esta receta contiene sólo grasas polinsaturadas.

PARA 4 PERSONAS

POLLO CON PIMIENTOS ASADOS Y CILANTRO

Los pimientos asados se pelan con facilidad. Además, cuando se emplea esta técnica, se realza el sabor.

2 pimientos rojos en mitades sin semillas
1 pimiento verde en mitades sin semillas
1/2 dl de aceite para untar los pimientos
1 1/2 c/das aceite de oliva
3 c/ditas de pimentón
1/2 c/dita de comino en polvo
Una pizca de pimienta de Cayena
2 dientes de ajo picados
450 g de tomates en conserva escurridos y picados
4 1/2 c/das de cilantro fresco picado
4 1/2 c/das de perejil fresco picado
Sal para sazonar
4 pechugas grandes de pollo deshuesadas
1 cebolla grande en rodajas
60 g taza de almendras cortadas

1. Ponga los pimientos en una superficie plana con el lado cortado hacia abajo y aplástelos ligeramente con la palma de su mano.

2. Unte el lado de la piel con 3 cucharadas del aceite y cocínelos en el asador del horno caliente hasta que la piel se tueste y se abra.

3. Envuelva los pimientos en un paño limpio durante 10 minutos hasta que se enfríen.

4. Desenvuelva los pimientos y quíteles con cuidado la piel quemada. Córtelos en tiras finas.

5. Caliente el aceite de oliva en una sartén y sofría el pimentón a fuego lento junto con los cominos, la pimienta de Cayena y los ajos durante 2 minutos, removiendo para evitar que los ajos se quemen.

6. Agregue los tomates, el cilantro, el perejil y sazone con un poco de sal. Hierva a fuego lento de 15 a 10 minutos o hasta que espese. Reserve.

7. Caliente el resto del aceite en una fuente para hornear y sofría las pechugas de pollo, dándoles la vuelta frecuentemente hasta que se doren por ambos lados.

8. Saque el pollo y resérvelo. Sofría la cebolla en el aceite aproximadamente 5 minutos, o hasta que se ablande sin cocinarse demasiado.

9. Ponga de nuevo el pollo en la cazuela con la cebolla y añádale aproximadamente 3 dl de agua. Ponga a hervir.

10. Tape la fuente y deje hervir aproximadamente 30 minutos, dando vuelta al pollo de vez en cuando para evitar que se queme.

11. Saque el pollo de la fuente; hierva rápidamente el líquido restante para que se consuma hasta dejar aproximadamente 1 dl de concentrado.

12. Añada los pimientos y la salsa de tomate al caldo concentrado de pollo y mézclelo bien.

13. Ponga de nuevo el pollo en la fuente, tape y deje hervir a fuego lento otros 30 minutos o hasta que el pollo esté tierno.

14. Coloque el pollo en una fuente regándolo con un poco de la salsa. Échele las almendras por encima y sirva por separado la salsa restante.

Notas del chef

Tiempo
La preparación requiere aproximadamente 30 minutos y la cocción tarda aproximadamente 1/2 hora.

Preparación
Tenga cuidado de cocer este plato a fuego lento, porque si hierve de prisa, los pimientos se deshacen.

Tipo de grasa
El pollo contiene grasas saturadas, pero en pequeñas cantidades. El resto de los ingredientes sólo tiene grasas polinsaturadas.

PARA 6 A 8 PERSONAS

TRUCHA ASALMONADA RELLENA DE ESPINACAS Y NUECES

1 trucha asalmonada entera de 1,2 kg limpia
1 kg de espinacas frescas
1 cebolla pequeña
60 g de margarina baja en colesterol
60 g de nueces picadas
125 g de pan blanco rallado
1 1/2 c/das de perejil fresco picado
1 1/2 c/das de tomillo fresco picado
Una pizca de nuez moscada
Sal y pimienta negra recién molida
Zumo de 2 limones
Ramitas de berro y rodajas de limón para adornar

1. Corte con cuidado la parte inferior del pescado, desde el extremo de la abertura hecha al limpiar el pescado hasta la punta de la cola.

2. Ponga el pescado sobre una superficie plana para trabajar, con el lado cortado hacia abajo, abierto para manejarlo mejor.

3. Presione con la palma de la mano a lo largo de la espina del pescado, empujando hacia la superficie de trabajo.

4. Dé la vuelta al pescado hacia arriba y quítele la espina con cuidado, separando con unas tijeras los extremos de la cabeza y cola.

5. Retire completamente la raspa y, con unas pinzas retire todas las espinas que encuentre. Coloque el pescado sin espinas en el centro de un papel de aluminio cuadrado, ligeramente engrasado y reserve.

6. Lave bien las espinacas, quitándoles los tallos duros. Póngalas en una cazuela grande y añádales sal. No les ponga más agua. Tápelas y cocínelas a fuego moderado durante 3 minutos.

7. Coloque las espinacas en un tamiz y escúrralas bien, presionando con la parte de atrás de una cuchara de madera para que suelten toda el agua sobrante.

8. Con un cuchillo afilado, pique finamente las espinacas cocidas.

9. Pele y pique la cebolla finamente y sofríala a fuego lento en 1 cucharada de la margarina hasta que esté blanda, pero no dorada.

10. Mezcle la cebolla cocinada con las espinacas picadas, las nueces, el pan rallado, las hierbas, la nuez moscada, la sal, la pimienta y la mitad del zumo de limón. Remueva hasta que se incorporen bien.

11. Rellene la cavidad de la trucha con las espinacas. Empuje el relleno firmemente, conservando la forma del pescado al hacerlo. Deje que se vea un poco del relleno entre las orillas cortadas del pescado.

12. Selle el papel de aluminio encima del pescado, sin envolverlo demasiado apretado.

13. Ponga el pescado en una fuente para hornear y cocine durante 35 minutos en el horno calentado previamente a 180 °C.

14. Desenvuelva el pescado con cuidado y páselo a una fuente grande.

15. Con un cuchillo afilado, quítele la piel de la parte superior y, si es posible, también de la parte inferior.

16. Mientras el pescado está todavía caliente, póngale encima trocitos de la mantequilla restante, rocíele el resto de zumo de limón y sírvalo adornado con berros y rodajas de limón.

Notas del chef

Tiempo
La preparación requiere de 35 a 40 minutos y la cocción tarda aproximadamente 40 minutos.

Sugerencia
Si cree que no puede quitarle las espinas al pescado, pídale al vendedor que lo haga, explicando que desea que la raspa se retire desde la parte inferior del pescado.

Tipo de grasa
El pescado contiene grasas monoinsaturadas y el resto de las grasas que se usan en esta receta son todas polinsaturadas.

PARA 4 PERSONAS

GALLINAS DE GUINEA A LA ESPAÑOLA

En esta receta, el aceite de oliva le da un excelente sabor a la salsa sin recargarla de grasas saturadas.

4 gallinas de Guinea pequeñas
Sal y pimienta negra recién molida
Aceite de oliva para untar
1 limón cortado en cuartos
4 hojas de laurel
3 c/das de aceite de oliva
1 cebolla pequeña en rodajas finas
1 diente de ajo pelado y picado
450 g de tomates
1,5 dl de vino tinto
1,5 dl de consomé de pollo o verduras
1 c/da de pasta de tomate
1 guindilla verde sin semillas y en rebanada finas
1 pimiento rojo pequeño sin semillas y cortado en tiras delgadas
1 pimiento verde pequeño sin semillas y cortado en tiras delgadas
3 c/das de almendras blanqueadas picadas
1 1/2 c/das de piñones
12 aceitunas pequeñas sin hueso
1 1/2 c/das de pasas

1. Frote las gallinas de Guinea por dentro y por fuera con sal y pimienta. Unte la piel con aceite de oliva; introduzca un gajo de limón y una hoja de laurel dentro de cada una.

Paso 3 Sofría la cebolla y el ajo en el aceite de oliva hasta que ablanden, sin que se doren.

2. Ase las gallinas de Guinea destapadas en un horno calentado previamente a 190 °C, durante 30 a 35 minutos, o hasta que estén tiernas.

3. Caliente las 3 cucharadas de aceite de oliva en una sartén grande y sofría la cebolla y el ajo hasta que estén blandos, sin que se quemen.

4. Haga un corte en la piel de cada tomate y sumérjalos en agua hirviendo durante 30 segundos.

5. Pele los tomates con cuidado, usando un cuchillo afilado.

6. Pique los tomates y quíteles las semillas y el centro.

7. Agregue los tomates picados a la cebolla con ajo y sofría durante otros 2 minutos.

8. Agregue los ingredientes restantes y deje hervir a fuego bajo de 10 a 15 minutos o hasta que los tomates estén completamente blandos y la salsa haya espesado un poco.

9. Coloque las gallinas de Guinea en una fuente de servir y vierta un poco de salsa sobre cada una.

10. Sírvalas calientes con el resto de la salsa en una salsera por separado.

Paso 5 Pele los tomates quitándoles la piel con un cuchillo afilado.

Notas del chef

Tiempo
La preparación requiere 15 minutos y la cocción tarda más o menos 1 hora.

Para servir
Acompañe con arroz y una ensalada mixta.

Sugerencia
Si las gallinas de Guinea empiezan a dorarse mucho cuando las esté asando, cúbralas con papel de aluminio.

Tipo de grasa
Las gallinas contienen sólo pequeñas cantidades de grasas saturadas y el resto de los ingredientes de esta receta, sólo contienen grasas insaturadas.

PARA 4 PERSONAS

POLLO CON AZAFRÁN

El delicado color y sabor del azafrán destacan el gusto del pollo, dándole a este plato un toque mediterráneo.

1 pollo de 1 a 1,5 kg
3 c/das de aceite de oliva
Sal y pimienta negra recién molida
1 cebolla pequeña pelada y finamente picada
1 diente de ajo picado
3 c/ditas de pimentón
8 tomates
300 g de arroz blanco de grano largo
7 dl de agua hirviendo
Unas ramitas de azafrán o 1/4 c/dita de azafrán en polvo
180 g de guisantes congelados
3 c/das de perejil fresco picado

1. Divida el pollo en 8 partes con un cuchillo muy afilado o con un hacha de cocina, cortando a lo largo por el hueso de la pechuga y atravesando los huesos de la espalda a fin de partirlo completamente por la mitad.

2. Corte las mitades de pollo en dos partes, desprendiendo la articulación de la pata diagonalmente hacia arriba y alrededor de la articulación de la pechuga.

3. Finalmente, corte cada cuarto de pollo en dos partes, separando las patas de los muslos y las alas de las pechugas.

4. Quítele la piel a las articulaciones del pollo tirando y cortando con un cuchillo afilado.

5. Caliente el aceite en una cazuela grande o sartén para saltear y sofría el pollo dándole vuelta frecuentemente para que se haga igual por todas partes. Sazone con un poco de sal y pimienta, sáquelo de la sartén y resérvelo.

6. Añada la cebolla y el ajo a los jugos en la sartén y deje cocinar lentamente hasta que ablanden, sin que se lleguen a quemar.

7. Eche el pimentón a la cebolla y sofría a fuego alto durante 30 segundos.

Paso 4 Quítele la piel a las articulaciones tirando y cortando con un cuchillo afilado.

8. Corte una pequeña cruz en la piel de los tomates y sumérjalos 30 segundos en agua hirviendo.

9. Quíteles la piel a los tomates con un cuchillo afilado.

10. Corte los tomates en cuatro y quíteles el centro y las semillas. Pique finamente la pulpa de los tomates y póngala en la sartén con la cebolla y el pimentón.

11. Sofría de 5 a 10 minutos para que los tomates suelten su jugo. La mezcla de la salsa debe quedar espesa después de que evapore.

12. Añada el arroz, el agua y el azafrán al puré de tomate junto con los trozos de pollo dorado. Cuando rompa a hervir tápelo y déjelo cocinar durante 20 minutos a fuego lento con la cazuela tapada.

13. Ponga los guisantes y el perejil en la cazuela, remueva bien y cocine de 5 a 10 minutos más o hasta que el arroz esté blando y haya absorbido todo el líquido.

14. Sirva muy caliente.

Notas del chef

Tiempo
La preparación requiere aproximadamente 25 minutos y la cocción tarda de 30 a 35 minutos.

Atención
Remueva frecuentemente los ingredientes en la cazuela después del paso 12 para evitar que el arroz se pegue.

Tipo de grasa
El pollo contiene pequeñas cantidades de grasas saturadas, pero el resto de los ingredientes en esta receta, tienen grasas polinsaturadas.

PARA 4 PERSONAS

HÍGADOS DE POLLO SALTEADOS

*Los hígados de pollo tienen muy poca grasa y mucho sabor.
También se cocinan rápidamente, así que resultan perfectos para recetas salteadas.*

450 g de hígados de pollo
4 1/2 c/das de aceite de sésamo
60 g de almendras peladas y partidas
1 diente de ajo pelado
60 g de "pois gourmands" (*)
8 a 10 hojas de col china cortadas
3 c/ditas de harina fina de maíz
1 1/2 c/das de agua fría
3 c/das de salsa de soja
1,5 dl de consomé de pollo o verduras

1. Prepare los hígados de pollo, quitándoles las áreas descoloridas o partes grasas.

2. Córtelos en trozos del mismo tamaño.

3. Caliente una sartén y échele el aceite. Cuando el aceite esté caliente, baje el fuego y sofría las almendras hasta que estén de color dorado claro. Sáquelas, escurriendo en la sartén la grasa sobrante y séquelas con toallas de papel.

4. Agregue el diente de ajo a la sartén y cocínelo de 1 a 2 minutos en el aceite, sólo hasta que suelte sabor. Sáquelo y tírelo.

5. Remueva los hígados en el aceite ya sazonado y cocínelos de 2 a 3 minutos, removiendo con frecuencia para que se hagan por todas partes igual. Sáquelos de la sartén y resérvelos.

6. Añada los "pois gourmands" al aceite caliente y saltee 1 minuto. Agregue las hojas de col y cocine 1 minuto más. Saque las verduras y déjelas aparte.

7. Mezcle la harina fina de maíz con el agua, añada la salsa de soja y el caldo.

8. Vierta la mezcla de harina a la sartén y deje que rompa a hervir, removiendo hasta que la salsa espese y se aclare.

9. Ponga de nuevo todos los ingredientes en la sartén y caliente bien durante 1 minuto. Sirva inmediatamente.

Paso 1 Limpie y prepare los hígados quitándoles las áreas descoloridas y los trozos de grasa o venas con un cuchillo afilado.

Paso 3 Sofría las almendras en aceite caliente hasta que tengan un color dorado claro.

Paso 8 Cocine la salsa en la sartén removiendo todo el tiempo hasta que espese y se aclare.

(*) Los "pois gourmands" son pequeños guisantes muy tiernos y de color verde brillante. Ricos en azúcar, en potasio y en vitaminas, se comen junto con la vaina.

Notas del chef

Tiempo
La preparación requiere 25 minutos; la cocción tarda de 5 a 6 minutos.

Variante
En lugar de hígados de pollo, utilice hígado de ternera o cordero en trozos muy finos.

Para servir
Acompañe con arroz frito o fideos chinos.

Tipo de grasa
El hígado contiene grasas saturadas en cantidades muy pequeñas.

PARA 4 A 6 PERSONAS

POLLO AL LIMÓN JULIANA

Un pollo magro, servido con una deliciosa juliana de verduras frescas, forman un sabroso plato principal, ideal para quienes siguen una dieta baja en colesterol.

1 pollo de 1,5 kg
3 c/das de aceite de oliva
3 c/das de margarina baja en colesterol
2 tallos de apio
2 zanahorias
1 cebolla pequeña pelada y picada muy fina
1 c/da de albahaca fresca picada
1 hoja de laurel
Zumo y ralladura de 2 limones pequeños
1,5 dl de agua
Sal y pimienta negra recién molida
Una pizca de azúcar, opcional
Rodajas de limón para adornar

1. Divida el pollo en 8 trozos con un cuchillo muy afilado o con un hacha de cocina, cortando a lo largo por el hueso de la pechuga y atravesando los huesos de la espalda a fin de partirlo completamente por la mitad.

2. Corte las mitades de pollo en dos partes, desprendiendo la articulación de la pata diagonalmente hacia arriba y alrededor de la articulación de la pechuga.

3. Finalmente, corte cada cuarto de pollo en dos partes, separando las patas de los muslos y las alas de las pechugas.

4. Quítele la piel a las articulaciones del pollo tirando y cortando con un cuchillo afilado.

5. Caliente el aceite en una sartén grande junto con la margarina. Sofría el pollo a fuego lento, dándole vuelta frecuentemente para que se haga todo por igual.

6. Pase los trozos de pollo a un plato y resérvelos.

7. Corte el apio en trozos de 4 cm de largo. Vuelva a cortar a lo largo, en tiras finas.

8. Corte las zanahorias en trozos del mismo tamaño y después corte cada trozo por la mitad a lo largo. Siga cortando cada mitad de zanahoria hasta que tenga tiras del mismo tamaño que el apio.

9. Ponga las zanahorias y el apio en los jugos del pollo, junto con la cebolla y deje que se hagan a fuego lento durante 3 minutos o hasta que empiecen a ablandarse, sin que se quemen.

10. Añada la albahaca, la hoja de laurel, el zumo y la ralladura de limón, el agua, la sal y la pimienta a las verduras; mezcle bien y cocine de 2 a 3 minutos.

11. Ponga de nuevo los trozos de pollo en la cazuela y deje que empiecen a hervir.

12. Tape la cazuela y baje el fuego. Deje que hierva a fuego lento de 35 a 45 minutos o hasta que el pollo esté tierno y los jugos de la carne estén transparentes al pinchar la carne con un cuchillo afilado.

13. Pase el pollo y las verduras a una fuente y retire la hoja de laurel.

14. Caliente rápidamente la salsa para que espese, si es necesario. Si lo desea, modifique el sabor de la salsa poniéndole azúcar.

15. Vierta la salsa sobre el pollo y adorne el plato con rodajas de limón.

Notas del chef

Tiempo
La preparación requiere 40 minutos y la cocción tarda más o menos 55 minutos.

Para servir
Acompañe con arroz y una ensalada verde.

Atención
Seque bien los trozos del pollo con toallas de papel, porque si quedan húmedas, el aceite salpica al freírlas.

Tipo de grasa
El pollo contiene grasas saturadas en pequeñas cantidades; el resto de las grasas de este plato son polinsaturadas.

PARA 4 PERSONAS

TRUCHA EN ASPIC

Este atractivo plato principal es ideal como parte de una comida veraniega.

1,8 litros de agua
Una pizca de sal
6 granos de pimienta negra
2 hojas de laurel
2 ramitas frescas de perejil
1 cebolla pequeña cortada en cuatro
3 dl de vino blanco seco
4 truchas del mismo tamaño limpias y bien lavadas
2 claras de huevo ligeramente batidas
30 g de gelatina en polvo
Rodajas de limón, alcaparras y ramitas frescas de eneldo para adornar

1. Ponga a hervir el agua en una cazuela grande o en una olla para pescado, junto con la sal, la pimienta, las hojas de laurel, el perejil, la cebolla y el vino. Cuando rompa a hervir, baje el fuego y deje cocinar durante 30 minutos.

2. Deje enfriar un poco y luego ponga el pescado en el caldo caliente. Tape y deje hervir de nuevo.

3. Baje el fuego y cueza el pescado sólo 5 minutos. Retire del fuego.

4. Cuando el pescado se enfríe en la cazuela cubierta, sáquelo y séquelo con toallas de papel.

5. Reserve el caldo.

6. Retire la piel del pescado con un cuchillo afilado.

7. Utilice un cuchillo redondeado ancho para quitar los filetes superiores de cada pescado, con cuidado para que no se rompan. Póngalos en una fuente que tenga un pequeño hueco en el centro.

8. Levante la espina que quedó en los filetes inferiores y deséchela.

9. Coloque los filetes inferiores en la fuente junto con los otros.

10. Pase el caldo de pescado por un tamiz de nylon para quitarle todas las especias, hierbas y verduras. Viértalo en una cazuela grande.

11. Añada las claras al caldo de pescado y caliente a fuego lento mientras remueve constantemente con un batidor.

12. Mientras bate, las claras forman una capa espesa, turbia, que recoge todas las partículas del caldo, aclarándolo.

13. Ponga a hervir la mezcla, deje de batir y deje que las claras y el líquido suban por los lados de la cazuela. Retírelo del fuego y deje que bajen. Repita este proceso dos veces más y luego deje que se asiente completamente.

14. Forre un escurridor con varias capas de toallas de papel o un paño y ponga el escurridor sobre un bol grande. Vierta el caldo de pescado al escurridor, junto con las claras y deje que se filtre lentamente. No permita que las claras caigan en el líquido clarificado.

15. Cuando se haya colado todo el líquido, saque aproximadamente 3 dl y caliente a fuego lento. Agregue la gelatina y deje reposar hasta que se disuelva completamente.

16. Mezcle la mezcla de gelatina con el caldo restante y deje en la nevera hasta que empiece a cuajar.

17. Adorne la trucha y la fuente con rodajas de limón, alcaparras y eneldo.

18. Cuando espese ligeramente el aspic, vacíelo cuidadosamente con una cuchara sobre los filetes de pescado para adornarlos.

19. Ponga la fuente de servir en la nevera hasta que esté firme (de 1 a 2 horas).

Notas del chef

Tiempo
La preparación requiere de 45 minutos a 1 hora. El tiempo total de cocción es de 50 minutos, más por lo menos 1 hora de refrigeración.

Atención
No revuelva ni bata el aspic porque formará burbujas que estropean la apariencia del plato. Puede usar aspic en polvo, que se consigue en algunas tiendas de especialidades gastronómicas.

Tipo de grasa
El pescado contiene grasas monoinsaturadas, que son las únicas en esta receta.

PARA 6 PERSONAS

BROCHETAS DE PAVO

Esta receta es baja en grasas y para prepararla, puede aprovechar los trozos de pavo que se consiguen en algunos supermercados o pollerías.

1,4 kg de carne magra de pavo
3 c/ditas de salvia fresca picada
1 ramita de romero picado
Zumo de 1 limón
3 c/das de aceite de oliva
Sal y pimienta negra recién molida
125 g de panceta magra sin corteza
Hojas enteras de salvia

1. Quítele al pavo cualquier hueso que haya quedado y corte la carne en trozos del mismo tamaño.

2. Ponga en un bol grande la salvia picada, el romero, el zumo de limón, el aceite, la sal y la pimienta y agregue la carne de pavo, revolviendo bien para que los trozos se cubran uniformemente. Tape y deje toda la noche en la nevera.

3. Corte las lonchas de panceta por la mitad a lo largo y después a lo ancho.

4. Envuelva estas tiras alrededor de tantos trozos de pavo ya macerados como le sea posible.

Paso 2 Mezcle con la salsa el pavo en trozos moviendo bien para cubrirlos uniformemente.

5. Ensarte el pavo enrollado con panceta en las brochetas, alternando con las hojas de salvia y los cubos de pavo que no haya envuelto.

6. Caliente el asador a fuego moderado y cocine las brochetas durante 30 minutos, dándoles la vuelta con frecuencia y regando con la salsa mientras se cocinan. Sírvalas inmediatamente.

Paso 3 Corte las lonchas de panceta por la mitad a lo largo y después otra vez a lo ancho.

Paso 4 Enrolle con cuidado cada trozo de pavo ya macerado con una tira de panceta.

Notas del chef

Tiempo
La preparación requiere 20 minutos más el remojo de toda la noche. La cocción tarda aproximadamente 30 minutos.

Variante
Si lo prefiere, hágalo con pollo.

Para servir
Acompañe con pan pita y ensalada, o sirva sobre un nido de arroz.

Tipo de grasa
Tanto el pollo como el pavo contienen pequeñas cantidades de grasas saturadas. La panceta contiene grasa saturada, la que se reduce mientras se asa.

PARA 6 PERSONAS

PASTEL DE UVAS VERDES

Una dieta rica en fibras naturales ayuda a reducir la cantidad de colesterol en la sangre. La harina de trigo integral y la piel de las uvas de este pastel son una buena fuente de fibra.

60 g de margarina baja en colesterol
30 g de azúcar moreno
60 g de harina integral
30 g de almendras molidas
250 g de uvas verdes cortadas en mitades y sin semillas
6 dl de agua
Corteza fina de 2 limones
1 1/2 c/da de miel
20 g de gelatina en polvo
Unas gotas de colorante vegetal amarillo, opcional

1. Ponga la margarina, el azúcar, la harina y las almendras en un bol grande.

2. Incorpore la margarina y los ingredientes secos con las manos apretando con suavidad la mezcla hasta formar una pasta manejable.

3. Amase ligeramente la pasta hasta que esté tersa.

4. Forre la base de un molde redondo desprendible con papel encerado. Comprima la pasta uniformemente sobre la base del molde forrado, cerciorándose de llevarla bien hacia los lados.

5. Caliente el horno previamente a 190 °C y hágalo durante 15 minutos o hasta que el pastel esté firme y dorado. Saque del horno y deje que se enfríe en el molde.

6. Engrase ligeramente el interior del molde del pastel con aceite, desde donde termina la capa de pastel hasta la orilla.

7. Coloque las mitades de uva encima del pastel.

8. Ponga el agua y la corteza de limón en una cazuela; déjelo hervir durante 5 minutos y retire la cazuela del fuego. Deje que se enfríe completamente.

9. Pase el líquido con limón por un tamiz fino para quitarle las cortezas. Agregue la miel a las 2 tazas del líquido colado.

10. Ponga el resto del líquido de limón en una cazuela pequeña, caliente hasta que casi hierva.

11. Añada la gelatina y deje reposar hasta que se disuelva completamente.

12. En este momento, si lo desea, puede agregar el colorante.

13. Incorpore la mezcla de gelatina con la mezcla de agua de limón y miel y deje en un lugar fresco hasta que empiece a cuajar.

Paso 7 Coloque las mitades de uva sobre el pastel horneado sin sacarlo del molde.

14. Vierta la gelatina parcialmente cuajada con mucho cuidado sobre las uvas, asegurándose de que permanezcan bien colocadas.

15. Ponga el postre en la nevera hasta que la gelatina cuaje por completo. Sírvalo en raciones.

Notas del chef

Tiempo
La preparación requiere 45 minutos, más el tiempo de enfriado y refrigeración. La cocción tarda más o menos 20 minutos.

Preparación
Es importante que nunca se hierva la gelatina; si hierve, nunca se disuelve completamente.

Tipo de grasa
En esta receta se utiliza grasa polinsaturada.

PARA 4 PERSONAS

NARANJAS CON MIEL DE CLAVO Y MENTA

Este postre es ligero y muy refrescante gracias a la combinación poco frecuente de sabores.

3 dl de miel clara
4,5 dl de agua
2 ramas grandes de menta fresca
12 clavos enteros
4 naranjas grandes
4 ramitas pequeñas de menta para adornar

1. Ponga la miel y el agua en una cazuela de fondo grueso. Añádale la menta y los clavos y deje hervir a fuego lento.

2. Remueva la mezcla para disolver la miel. Hierva a fuego alto durante 5 minutos o hasta que espese el líquido.

3. Enfríe completamente la mezcla y pase el jarabe por un tamiz de nylon para quitarle la menta y los clavos de olor. Déjelo en una jarra o tazón.

4. Use un pelador de patatas para quitarle cuidadosamente la corteza a una naranja.

5. Corte después la en tiras muy finas con un cuchillo afilado.

6. Coloque las tiras de corteza de naranja en un tazón pequeño y cúbralas con agua hirviendo. Deje reposar hasta que se enfríen y escúrralas cuidadosamente guardando sólo las tiras de corteza.

7. Ponga las tiras de corteza de naranja en el jarabe y enfríe bien.

8. Pele las naranjas completamente, quitándoles la corteza y la parte blanca.

Paso 3 Pase el jarabe por un tamiz de nylon para quitarle las ramas de menta y los clavos y déjelo en un tazón o una jarra.

Paso 4 Quítele la corteza a una de las naranjas con un pelador de patatas teniendo cuidado de no cortar la parte blanca.

9. Corte las naranjas en rodajas delgadas con un cuchillo afilado. Colóquelas en cuatro platos individuales.

10. Justo antes de servir, vierta el jarabe ya frío sobre las naranjas de cada plato y adorne con las ramitas de menta.

Notas del chef

Tiempo
La preparación requiere aproximadamente 20 minutos y la cocción tarda aproximadamente 5 minutos.

Tipo de grasa
Esta receta no contiene grasa.

Preparación
Para que el postre no tenga sabor amargo, es importante quitarle a las naranjas toda la parte blanca.

Variante
Puede utilizar pomelos rojos en lugar de naranjas. Considere medio pomelo por persona; utilice preferiblemente los gajos enteros sin piel.

PARA 4 A 6 PERSONAS

SORBETE DE BRANDY CON MANZANAS Y PASAS

Los sorbetes son un postre ideal para quienes tienen una dieta baja en calorías. Pruebe esta singular combinación para un cambio de sabores.

6 dl de zumo de manzana
60 g de azúcar glas
45 g de copos de manzanas deshidratadas
125 g de pasas
1,5 dl de brandy
Unas gotas de colorante vegetal verde, opcional
1 clara de huevo

1. Ponga el zumo de manzana y el azúcar en una cazuela de fondo grueso. Caliente a fuego lento, removiendo hasta que se disuelva el azúcar. Suba el fuego y deje que hierva 5 minutos. Retire del fuego y enfríe bien.

2. Ponga los copos de manzana en un tazón con las pasas y el brandy. Añada suficiente jarabe de manzana para cubrir la mezcla y deje remojar 4 horas.

3. Revuelva los copos de manzana, pasas y brandy hasta que formen un puré espeso y, si le agrada, agregue en este momento el colorante verde.

Paso 3 Bata la mezcla de manzana y pasas con un tenedor hasta que se convierta en un puré espeso.

4. Bata la pulpa de manzana y mézclela con el jarabe restante, removiendo hasta que se incorporen bien.

5. Vierta la mezcla de manzana en una fuente poco profunda y congele 2 horas o hasta que empiece a cuajar.

6. Rompa con un tenedor o con una batidora eléctrica el hielo que se haya formado; póngalo de nuevo en la fuente y métalo 1 hora más al congelador.

7. Rompa de nuevo los cristales de hielo y bata hasta el momento en que se rompa el hielo y esté espeso.

8. Bata la clara a punto de nieve e incorpórela rápidamente a la mezcla helada de manzana. Ponga de nuevo en la fuente y congele hasta que esté completamente sólido.

9. Deje que el hielo suavice 15 minutos antes de servirlo en copas individuales para helado.

Paso 8 Incorpore las claras batidas cuidadosamente a la mezcla helada de manzana y congele hasta que se endurezca.

Notas del chef

Tiempo
La preparación requiere 10 minutos, más el tiempo de remojo y congelación.

Sugerencia
Utilice 1 taza de puré de manzana en lugar de los copos deshidratados de manzana y disminuya la cantidad de zumo de manzana a sólo 5 dl.

Variante
No utilice brandy, sólo zumo de manzana.

Tipo de grasa
Esta receta no contiene grasa.

PARA 6 PERSONAS

COBBLER DE CIRUELAS CON MIEL

Un 'cobbler' es un postre inglés tradicional, así llamado porque los bollitos que lo adornan se parecen a los guijarros de los antiguos caminos (cobbles).

1 kg de ciruelas maduras en mitades y sin los huesos
4 a 6 c/das de miel clara
225 g de harina integral
3 c/das de azúcar glas
60 g de margarina baja en colesterol
7 a 9 c/das de leche desnatada
1 huevo batido

1. Ponga las ciruelas en una fuente para hornear junto con la miel. Cubra con una hoja de papel de aluminio y cocínelas 20 minutos en el horno previamente calentado a 200 °C.

2. Después de este tiempo, las ciruelas ya deben estar blandas y debe haber cierta cantidad de jugo en el molde. Sáquelas del horno y déjelas enfriar completamente.

3. Ponga la harina y el azúcar en un bol grande y, con los dedos, incorpore toda la margarina hasta que la mezcla parezca pan rallado.

4. Agregue la leche y el huevo revolviendo con una espátula redondeada hasta formar una pasta blanda.

5. Ponga la pasta en una superficie de trabajo ligeramente enharinada y amase hasta que esté tersa.

6. Estire la pasta hasta dejarla de 1 cm de grueso.

7. Para formar los bollitos, haga ruedas de 5 cm con un cortador de galletas.

8. Coloque los bollitos con cuidado en el molde alrededor de las ciruelas, montándolos un poco unos encima de otros.

Paso 4 Incorpore la leche y el huevo a la harina con una espátula redondeada y revuelva todos los ingredientes hasta formar una pasta blanda.

Paso 8 Coloque los bollitos en el molde por toda la orilla, montándolos un poco unos encima de otros.

9. Unte la parte superior de cada bollito con un poco de leche y espolvoréelo con azúcar. Vuelva a poner el postre en el horno, a la misma temperatura, y hornee hasta que los bollitos estén firmes, hayan crecido y estén bien dorados.

10. Sírvalo caliente.

Notas del chef

Tiempo
La preparación requiere 30 minutos y la cocción tarda 45 minutos.

Variante
En lugar de ciruelas, puede utilizar cualquier otra fruta fresca.

Para servir
Este postre es delicioso caliente, con una bola de helado de vainilla, pero infórmese antes del contenido de grasa del helado.

Tipo de grasa
Las grasas que se utilizan para preparar esta receta son polinsaturadas.

PARA 6 PERSONAS

PERAS EN VINO TINTO

Este postre resulta especialmente atractivo al servirlo en copas de cristal y es una deliciosa manera de ofrecer peras frescas enteras.

6 dl de vino tinto seco
Zumo de medio limón
1 tira de corteza de limón
225 g de azúcar
1 rama pequeña de canela
6 peras maduras pero duras
15 g de almendras cortadas

1. Coloque el vino, el zumo y la corteza del limón, el azúcar y la canela en una cazuela honda y grande; remueva hasta que rompa a hervir o hasta que se disuelva el azúcar.

2. Deje que hierva con la cazuela abierta durante 1 minuto.

3. Pele las peras a lo largo, con cuidado y quíteles la parte negra de la base. Deje los tallos intactos.

4. Coloque las peras en la mezcla de vino tinto con los tallos hacia arriba.

5. Ponga de nuevo en la cazuela al fuego y cuando rompa a hervir, baje el fuego y deje hervir 20 minutos o hasta que las peras estén tiernas, pero firmes. Deje que enfríen en el jarabe hasta que esté tibio; sáquelas y ponga en una fuente de servir.

6. Pase el jarabe por un tamiz de nylon para quitar la corteza de limón y las especias.

7. Vuelva a poner el jarabe en la cazuela y hiérvalo rápidamente hasta que esté más espeso.

8. Enfríe completamente el jarabe antes de rociarlo con cuidado sobre las peras.

9. Póngale las almendras cortadas antes de servir.

Paso 3 Pele las peras a lo largo y quíteles con cuidado la parte negra de la base.

Paso 4 Coloque las peras con el tallo hacia arriba en la cazuela con el jarabe de vino. Si le es posible cubrirlas con la salsa, hágalo.

Paso 5 Las peras están listas cuando están tiernas, pero firmes y el color rojo es uniforme.

Notas del chef

Tiempo
La preparación requiere 25 minutos; la cocción tarda 30 minutos.

Preparación
Si el jarabe no cubre completamente las peras en la cazuela, colóquelas de lado para que se cuezan, pero déles la vuelta y rocíelas frecuentemente para que el color resultante sea uniforme.

Variante
Puede usar vino blanco en lugar de vino tinto.

Tipo de grasa
Esta receta no contiene grasa.

COCINA FÁCIL Y LIGERA

CON POCA
SAL

PARA UN MEJOR ESTADO FÍSICO

Introducción

El cloruro de sodio, o sal, es un mineral que se ha utilizado durante siglos tanto por sus propiedades medicinales, como por sus cualidades para condimentar y conservar los alimentos. Entonces ¿por qué queremos una dieta baja en sal? Para responder a esta pregunta, debemos observar con cuidado las necesidades y la forma en que nuestros cuerpos utilizan la sal.

La sal es esencial para el balance de ácidos en la sangre y para el control de fluidos a nivel celular. Sin la cantidad apropiada de sal, sufriríamos severos calambres musculares y degeneración corporal. Sin embargo, la cantidad de sal que nuestros cuerpos requieren es mínima y fácil de obtener a partir de los alimentos frescos que consumimos a diario sin necesidad de añadirles más.

Los riñones mantienen el equilibrio adecuado de sal en el cuerpo eliminando el exceso. Si consumimos una cantidad excesiva de este mineral, podemos presentar retención de líquidos, lo cual hace que el trabajo de los riñones sea excesivo y esto puede acarrear, eventualmente, problemas como la depresión.

Por otro lado, es más común que los niveles altos de sodio en el cuerpo se relacionen directamente con la presión sanguínea anormalmente alta o con la hipertensión. En todos los países occidentales donde se consumen grandes cantidades de sal existe este problema y se ha encontrado que, unido a la obesidad y al tabaquismo, es una de las causas principales de afecciones cardíacas fatales.

Desafortunadamente, el gusto por la sal es adictivo y las personas tienden a sentir que su cuerpo requiere grandes cantidades de este mineral. Aunque esto puede ser cierto en algunos casos, simplemente no es real en condiciones normales, ya que las personas se acostumbran al uso excesivo de la sal y sienten que sin ella su comida carece de sabor. Gradualmente, sus cuerpos eliminan menos los excedentes de sodio y es entonces cuando los problemas comienzan.

En este libro, las recetas se basan en condimentos alternativos para realzar el sabor de los alimentos. Es posible que estos ingredientes no se encontraran en la antigüedad cuando la gente comenzó a desarrollar el gusto por la sal, pero ahora son fáciles de conseguir. La preparación de las recetas es simple e indica lo fácil que es adaptarse a un patrón de alimentación que, con un poco de tiempo, reducirá su necesidad por el sabor de la sal.

PARA 24 BOCADITOS

BOCADITOS DE QUESO Y AGUACATE

Una deliciosa combinación de aguacate, nueces y queso que no requiere añadirle sal para realzar el sabor de estos sabrosos aperitivos para fiesta.

1 aguacate maduro
2 1/2 c/das de nata liquida o yogur
1 diente de ajo finamente picado
1 1/2 c/ditas de zumo de limón
90 gr de queso manchego semicurado finamente rallado
1 1/2 c/ditas de mostaza inglesa preparada
30 g de pan blanco rallado fresco
3 cebollitas tiernas finamente picadas
Pimienta negra recién molida al gusto
2 1/2 c/das de perejil fresco picado
60 g de almendras tostadas y picadas

Paso 1 Después de cortar el aguacate, déle vuelta ligeramente para separar las dos mitades.

1. Corte el aguacate por la mitad a lo largo y gírelo suavemente para separar las dos partes.

2. Retire el hueso y pele el aguacate con un cuchillo bien afilado.

3. Triture la pulpa de aguacate en un bol mediano con un tenedor o con un pasapurés.

4. Agregue la nata o yogur al aguacate triturado junto con el ajo, el zumo de limón, el queso rallado, la mostaza, el pan rallado, las cebollitas y la pimienta. Mezcle con un tenedor hasta obtener una pasta firme.

Paso 5 Forme bolitas con la mezcla de aguacate.

Paso 7 Reboce las bolitas con el perejil fresco picado para que se cubran uniformemente.

5. Forme bolitas con la mezcla de aguacate.

6. Extienda el perejil y las almendras por separado en dos platos pequeños.

7. Reboce la mitad de las bolitas de aguacate en el perejil picado, presionando suavemente para que se cubran uniformemente.

8. Reboce el resto de las bolitas en las almendras siguiendo el mismo procedimiento.

9. Déjelos en la nevera durante 40 minutos antes de servirlos con alguna bebida.

Notas del chef

Tiempo
La preparación requiere 30 minutos, más 40 minutos de refrigeración.

Preparación
Es muy importante mantener fría la mezcla al preparar estos aperitivos. Si tiene dificultad para formar las bolitas, refrigere al menos 30 minutos.

Variante
Use nueces finamente picadas en lugar de almendras y queso azul en lugar de manchego.

PARA 36 HUEVOS

HUEVOS RELLENOS

Los huevos rellenos son unos aperitivos atractivos y deliciosamente diferentes.

18 huevos pequeños o huevos de codorniz
60 g de mantequilla sin sal
1 diente de ajo finamente picado
90 g de gambas peladas cocidas y finamente picadas
1/2 c/dita de albahaca fresca finamente picada
Pimienta negra recién molida al gusto

1. Cueza los huevos en agua hirviendo durante 5 minutos. Escurra y colóquelos en agua fría.

2. Deje que los huevos se enfríen por completo y quíteles la cáscara. Enjuague y escurra.

3. Corte cada huevo por la mitad a lo largo y retire cuidadosamente las yemas.

4. Coloque las yemas en un tazón grande y bata ahí mismo la mantequilla y el ajo. Mezcle bien.

Paso 3 Corte cada huevo por la mitad a lo largo y retire cuidadosamente las yemas.

5. Agregue las gambas, la albahaca y la pimienta a la yema de huevo ya batida con la mantequilla y el ajo.

6. Rellene cada clara de huevo con una pequeña cantidad de la mezcla que preparó, colocándola en la cavidad de la yema de modo que resulte atractiva.

7. Enfríe en la nevera hasta que la vaya a utilizar.

Paso 4 Bata la mantequilla y el ajo junto con las yemas de huevo, mezclando perfectamente hasta obtener una pasta homogénea.

Paso 6 Rellene las mitades de clara con cantidades iguales de la mezcla que preparó, dándoles una apariencia atractiva.

Notas del chef

Tiempo
La preparación requiere 15 minutos y tarda 5 minutos en cocerse.

Variante
Use carne blanca de cangrejo desmenuzada en lugar de gambas. Para preparar un plato más exótico, utilice huevos de codorniz en lugar de los de gallina.

Para servir
Disponga las mitades de huevo relleno en un plato adornado con hojas de lechuga y tiras pequeñas de pimiento rojo.

PARA 350 G

NUECES CON ESPECIAS

En las fiestas, a todos nos agrada comer frutos secos para acompañar las bebidas, pero la mayoría de ellos contienen altas cantidades de sal. Estos riquísimos frutos secos con especias son muy fáciles de hacer y se pueden preparar con anticipación.

2 c/das de aceite de maíz u otro aceite
125 g de cacahuates frescos pelados
125 g de almendras blanqueadas
125 g de anacardos pelados
1/2 c/dita de jengibre en polvo
1/2 c/dita de canela en polvo
1/2 c/dita de pimienta de Cayena

Paso 2 Sofría los frutos secos en el aceite caliente asegurándose de que se cubran bien.

1. Caliente el aceite en una sartén grande.

2. Agregue los frutos secos y sofríalos moviendo constantemente para que se cubran bien de aceite caliente.

3. Espolvoree las especias sobre los frutos secos y revuélvalos bien para que se cubran uniformemente.

Paso 3 Espolvoree las especias sobre los frutos secos y revuelva bien.

Paso 4 Esparza uniformemente los frutos secos en una bandeja de horno.

4. Extienda los frutos secos en una bandeja del horno formando una capa uniforme.

5. Tueste los frutos secos de 10 a 15 minutos en el horno que ha calentado previamente a 190 °C.

6. Dé vuelta a los frutos secos una o dos veces mientras se tuestan, para evitar que se quemen.

Notas del chef

Tiempo
La preparación requiere 10 minutos y de 10 a 15 minutos en tostarse.

Sugerencias
Prepare estos frutos secos con anticipación y guárdelos en una caja hermética hasta por 2 semanas.

Variante
Utilice avellanas en lugar de anacardos y sustituya el jengibre, la canela y la pimienta de Cayena con cardamomo, comino y chile en polvo.

PARA 4 A 6 PERSONAS

JUDÍAS POCHAS CON GARBANZOS

Este plato tan completo no necesita sal para resaltar el sabor de los ingredientes.

3 c/das de aceite de girasol
2 cebollas picadas en trozos gruesos
1 diente de ajo finamente picado
1 c/da de comino en polvo
2 1/2 c/ditas de pimentón en polvo
1 guindilla roja o verde sin semillas y finamente picada
225 g de carne picada
800 g de tomates en conserva troceados
9 dl de caldo de pollo o verduras
90 g de pasta de tomate
1 1/2 c/ditas de orégano
1 hoja de laurel
1,5 dl de cerveza
Pimienta negra recién molida
125 g de cada uno: judías pintas, judías blancas y garbanzos, enlatados, escurridos y perfectamente lavados

Paso 4 Añada la carne y dórela. Desmenuce los trozos grandes con un tenedor.

1. Caliente el aceite en una cazuela grande de fondo grueso.

2. Sofría las cebollas y el ajo hasta que estén transparentes.

3. Añada el comino, el pimentón y la quindilla; remueva. Aumente la temperatura y cocine 30 segundos removiendo continuamente.

4. Añada la carne y dórela. Desmenuce los trozos grandes con un tenedor.

5. Incorpore los tomates con su jugo, el caldo, la pasta de tomate, el orégano, la hoja de laurel, la cerveza y la pimienta molida. Remueva bien y deje que rompa a hervir.

6. Tape y deje a fuego lento aproximadamente 50 minutos cuidando el nivel del líquido y añadiendo agua si la sopa se ve muy seca.

Paso 7 Eche las judías y los garbanzos escurridos para que se cocinen durante los últimos 15 minutos.

7. En los últimos 15 minutos de la cocción, eche las judías y los garbanzos escurridos, mezcle bien.

Notas del chef

Tiempo
La preparación requiere 30 minutos y tarda 1 hora en cocerse.

Congelación
Esta sopa se congela bien.

Sugerencias
Si no consigue judías y garbanzos enlatados, use 58 g de cada tipo de judía y de garbanzos secos. Remójelos en agua durante la noche y cuézalos 1 hora antes de utilizarlos en esta receta.

Para servir
Acompañe con tomates frescos picados, cebollitas tiernas picadas y dados de aguacate rociados con zumo de limón.

PARA 4 A 6 PERSONAS

SOPA DE CALABÀCINES

El fresco sabor del limón y del calabacín hacen una sopa deliciosa que se puede servir tanto fría como caliente.

1 cebolla mediana en rodajas finas
2 c/das de aceite de oliva
450 g de calabacines limpios y cortados en rodajas
Ralladura y zumo de 1 limón grande
4,5 dl de caldo de pollo
Pimienta negra recién molida
2 yemas de huevo
2 dl de yogur

1. En una sartén grande sofría la cebolla 3 minutos en aceite de oliva hasta que esté transparente.

2. Añada los calabacines y sofría de 2 a 3 minutos más.

Paso 1 Sofría la cebolla a fuego lento hasta que esté transparente.

3. Agregue el resto de los ingredientes excepto las yemas de huevo y el yogur, mezcle, tape y deje hervir a fuego lento durante 20 minutos.

4. Pase los ingredientes en la batidora o en el procesador de alimentos hasta obtener una mezcla homogénea.

Paso 4 Pase la sopa en la batidora o procesador de alimentos hasta obtener una mezcla homogénea.

Paso 5 Mezcle las yemas de huevo con el yogur en un tazón pequeño.

5. Mezcle las yemas de huevo con el yogur y añada a la sopa.

6. Vuelva a calentar la sopa removiendo constantemente hasta que espese.

7. Sirva caliente o enfríe en la nevera completamente.

Notas del chef

Tiempo
La preparación requiere 20 minutos más el tiempo de refrigeración; la cocción tarda 25 minutos.

Para servir
Acompañe esta sopa con rodajas finas de calabacín y pan ligeramente tostado.

Preparación
Una vez incorporadas las yemas de huevo, no deje que la sopa hierva porque la mezcla forma grumos.

Congelación
Esta sopa se puede congelar, pero no después de incorporarle las yemas de huevo. Congele antes de esta etapa, descongele y termine la receta como se describe.

PARA 4 PERSONAS

CEVICHE

En este plato tradicional de la cocina peruana, el pescado crudo se "cuece" en una mezcla de aceite y zumo de limón verde. Esta deliciosa y nutritiva entrada se prepara con rapidez y facilidad.

450 g de filete de pez espada fresco
Ralladura y zumo de 2 limones verdes
1 escalonia pequeña finamente picada
1 guindilla verde sin semillas finamente picada
1 1/2 c/ditas de semillas de cilantro molidas
1 pimiento verde pequeño sin semillas en tiras
1 pimiento rojo pequeño sin semillas en tiras
4 cebollitas tiernas finamente picadas
1 1/4 c/das de perejil recién picado
1 1/4 c/das de cilantro recién picado
2 1/2 c/das de aceite de oliva
Pimienta negra recién molida
1 lechuga pequeña para la guarnición

1. Retire la piel de los filetes con mucho cuidado.

2. Corte el pescado en tiras delgadas, transversales.

3. Coloque las tiras de pescado en un bol grande y viértales el zumo de limón por encima.

4. Añada la ralladura de limón, la escalonia, la guindilla y el cilantro molido. Mezcle bien.

5. Tape el bol con papel adherente o con un paño húmedo y guarde en la nevera durante 24 horas; remueva ocasionalmente durante este tiempo, para asegurarse de que el pescado se mantiene cubierto por el zumo de limón.

Paso 1 Retire con cuidado la piel de los filetes de pez espada con un cuchillo afilado.

6. Mezcle las tiras de pimiento, las cebollitas y las hierbas frescas en un bol grande.

7. Coloque la mezcla de pescado en un tamiz para que escurra el zumo.

8. Ponga el pescado ya escurrido en el bol con la mezcla de hierbas, añada el aceite y remueva para que todo el pescado se impregne. Sazone con la pimienta al gusto.

9. Corte la lechuga con los dedos y colóquela en una fuente.

10. Esparza la mezcla de pescado sobre la guarnición de lechuga de modo decorativo y sirva inmediatamente adornado con rodajas de limón si lo desea.

Paso 2 Corte transversalmente los filetes de pescado en tiras.

Paso 5 Después de dejar en la nevera 24 horas, el pescado deberá tener la apariencia de haber sido cocido.

Notas del chef

Tiempo
La preparación requiere 20 minutos y 24 horas de maceración en la nevera.

Variante
Esta receta se prepara con bacalao, merluza o salmón en lugar de pez espada.

Para servir
Además de ser una entrada interesante, el ceviche también se puede servir con pan pita como apetitosa comida.

PARA 6 A 8 PERSONAS

PATÉ DE POLLO Y ESPINACAS

Este paté es ideal para impresionar a sus invitados con una deliciosa entrada.

225 g de pechugas de pollo deshuesadas y sin piel
2 claras de huevo
125 g de pan blanco fresco rallado
450 g de espinacas frescas lavadas
1 c/da de cebollino fresco picado; la misma cantidad de perifollo y de estragón picados
Pimienta negra recién molida
3 dl de nata espesa
60 g de nueces finamente picadas
Una pizca de nuez moscada

1. Corte el pollo en trozos pequeños.

Paso 4 Las espinacas deben cocerse en su jugo hasta que estén blandas sin añadir más líquido.

2. Coloque los trozos de pollo, 1 clara de huevo y la mitad del pan rallado en una batidora o procesador de alimentos. Muela hasta tener una mezcla uniforme.

3. Ponga las espinacas en una cazuela grande y tape herméticamente.

4. Cueza las espinacas durante 3 minutos o hasta que estén blandas.

5. Saque la mezcla de pollo del procesador de alimentos y enjuague el bol.

6. Ponga las espinacas en el procesador de alimentos junto con las hierbas, el huevo y el pan rallado restantes. Bata hasta obtener una pasta homogénea.

7. Sazone la mezcla de pollo con un poco de pimienta y añada la mitad de la nata. Mezcle bien.

8. Añada la nata restante a las espinacas junto con las nueces y la nuez moscada. Bata esta mezcla muy bien.

9. Forre un molde para pan con una hoja de papel encerado y unte con un poco de aceite.

10. Vierta la mezcla de pollo en la base del molde y espárzala uniformemente.

11. Vierta con cuidado la mezcla de espinacas sobre la de pollo y aplane la superficie con una espátula.

12. Tape el molde con una hoja de papel de aluminio ligeramente engrasado y selle los bordes.

13. Coloque el molde en una fuente honda para hornear y llénela con agua suficiente para cubrir hasta la mitad del molde con el paté.

14. Caliente previamente el horno a 165 °C. Hornee durante 1 hora o hasta que cuaje.

15. Refrigere el paté durante al menos 12 horas.

16. Saque cuidadosamente el paté del molde y retire el papel encerado. Corte con un cuchillo bien afilado y sirva.

Notas del chef

Tiempo
La preparación requiere 25 minutos y tarda 1 hora en hornearse.

Cómo servir
Sirva las rodajas de paté en platos individuales adornados con un poco de ensalada.

Atención
No cueza el paté demasiado ni a mayor temperatura; de hacerlo así se separa y se echa a perder.

PARA 4 PERSONAS

BERENJENAS A LA ESPAÑOLA

Esta estupenda receta de berenjenas proviene de Andalucía, donde los tomates, el arroz y el atún son ingredientes muy populares.

4 berenjenas pequeñas
3 c/das de aceite de oliva
1 cebolla pequeña finamente picada
1 diente de ajo finamente picado
Pimienta negra recién molida
125 g de arroz integral cocido
200 g de atún enlatado en aceite en trozos grandes y escurrido
1 c/da de mahonesa
1 1/2 c/ditas de curry en polvo
4 tomates frescos pelados, sin semillas y picados
1 c/da de perejil picado grueso

1. Corte las berenjenas por la mitad a lo largo. Haga cortes a intervalos regulares en la superficie usando un cuchillo bien afilado.

2. Unte las superficies con 1 cucharada de aceite de oliva y colóquelas en un fuente para hornear ligeramente engrasada.

3. Caliente el horno previamente a 190 °C. Hornee 15 minutos o hasta que empiecen a ablandarse.

4. Deje enfriar las berenjenas y después saque cuidadosamente la pulpa del centro de cada mitad. Trate de no romper la piel durante el procedimiento.

5. Sofría la cebolla picada en el resto de aceite durante 3 minutos, hasta que esté transparente.

6. Añada el ajo y la pulpa de berenjena y sofría 2 minutos más. Sazone con pimienta al gusto.

Paso 1 Tratando de no romper la piel, haga cortes a intervalos regulares en la superficie de las berenjenas cortadas en mitades usando un cuchillo afilado y puntiagudo.

Paso 4 Deje enfriar las berenjenas y después saque cuidadosamente la pulpa del centro de cada mitad. Procure no romper la piel mientras lo hace.

7. Añada el arroz, el atún en trozos, la mahonesa, el curry en polvo, los tomates, el perejil y la pimienta negra a la mezcla de berenjena y revuelva bien.

8. Rellene las pieles de berenjena con la mezcla. Colóquelas nuevamente en la fuente para hornear. Úntelas con aceite de oliva y hornee 25 minutos más. Sirva bien caliente.

Notas del chef

Tiempo
La preparación requiere 40 minutos y tarda 50 minutos en hornearse.

Para servir
Acompañe con una crujiente ensalada mixta y aceitunas negras.

Preparación
Use un cuchillo con sierra para sacar la pulpa de la berenjena sin romper la piel.

Variante
Para una deliciosa variante vegetariana, utilice champiñones en lugar de atún.

PARA 4 A 6 PERSONAS

ENSALADA DE CHAMPIÑONES

Los champiñones tienen un sabor propio que no requiere sal. Esta ensalada puede hacerse con champiñones cultivados, pero resulta muy especial cuando se prepara con champiñones silvestres.

450 g de champiñones o setas
3 c/das de aceite de girasol
1 cebolla mediana
1 c/da de perejil recién picado
1 pepino cortado en daditos
3 ó 4 tomates pelados sin semillas y en rodajas
1/2 dl de aceite de oliva
1 c/da de vinagre de vino blanco
Pimienta negra recién molida
1 lechuga redonda pequeña

1. Arregle los champiñones y límpielos con un paño húmedo.

2. Corte los champiñones en rodajitas muy finas y pique finamente las cebollas.

Paso 2 Corte los champiñones en rodajas muy delgadas con un cuchillo muy afilado.

3. Caliente el aceite en una sartén grande y sofría los champiñones y la cebolla ligeramente de 2 a 3 minutos, o hasta que ablanden. Deje que enfríen.

4. Cuando los champiñones enfríen, revuelva con el perejil, el pepino y los tomates.

Paso 3 Sofría ligeramente los champiñones y la cebolla en el aceite caliente hasta que empiecen a ablandar.

Paso 4 Añada el perejil, el pepino y los tomates a los champiñones, mezclando muy bien los ingredientes.

5. Mezcle el aceite, el vinagre y la pimienta en un frasco pequeño y vierta sobre los demás ingredientes.

6. Remueva para que los ingredientes se cubran bien y enfríe en la nevera de 1 a 2 horas.

7. Corte finamente la lechuga y colóquela en una fuente. Extienda los champiñones fríos en una capa uniforme sobre la lechuga.

Notas del chef

Tiempo
La preparación requiere 10 minutos y la cocción tarda 5 minutos. El tiempo mínimo de refrigeración es de 2 horas.

Sugerencias
Prepare la ensalada con anticipación y guarde en la nevera hasta que la necesite.

Para servir
Acompañe con biscotes o con bollos crujientes de trigo entero.

PARA 4 PERSONAS

ALBÓNDIGAS CHINAS

Los condimentos naturales de este plato evitan la necesidad de agregar sal.

90 g de almendras peladas
450 g de carne de ternera picada
1 1/2 c/ditas de jengibre fresco rallado
1 diente de ajo finamente picado
1/2 pimiento verde grande sin semillas y picado
Un poco de salsa de chile, salsa china o Tabasco
2 c/das de salsa de soja
Aceite para freír
3 c/das de salsa de soja
1 dl de caldo de verduras
1 c/da de vino de arroz o vinagre de vino blanco
2 1/2 c/ditas de miel
1 c/das de jerez
1 c/da de harina fina de maíz
4 cebollitas tiernas cortadas en rodajas diagonales

1. Esparza las almendras uniformemente en una bandeja de horno y dórelas a fuego lento de 3 a 4 minutos o hasta que se tuesten. Remueva con frecuencia para evitar que se quemen.

Paso 1 Tueste un poco las almendras en el gril del horno hasta que se doren ligeramente, moviéndolas con frecuencia para evitar que se quemen.

2. Pique las almendras en trozos gruesos con un cuchillo muy afilado.

3. Ponga las almendras picadas con la carne, el jengibre, el ajo, el pimiento verde, la salsa china y 2 cucharadas de salsa de soja en un tazón grande. Mezcle perfectamente los ingredientes con una cuchara de madera o con la mano.

4. Divida la mezcla en 16 partes iguales y, sobre una superficie enharinada, haga las albóndigas.

5. Caliente un poco de aceite en una sartén grande y fría la mitad de las albóndigas formando una sola tanda.

6. Fría las albóndigas a fuego bajo durante 20 minutos y déles la vuelta frecuentemente para que doren de manera uniforme.

7. Páselas a una fuente y consérvelas calientes mientras dora el resto de las albóndigas. Deje aparte como hizo antes.

8. Vierta las 3 cucharadas de salsa de soja, el caldo y el vinagre en la sartén y deje que empiece a hervir. Hierva a fuego alto aproximadamente 30 segundos.

9. Agregue la miel y revuelva hasta que se disuelva.

Paso 6 Fría las albóndigas a fuego bajo en el aceite caliente hasta que se hagan uniformemente.

10. Mezcle el jerez con la harina fina de maíz en un tazón pequeño y añada a la salsa caliente. Deje al fuego y remueva todo el tiempo hasta que espese.

11. Coloque las albóndigas en una fuente y esparza las cebollitas picadas. Riegue con la salsa y sirva.

Notas del chef

Tiempo
La preparación requiere aproximadamente 20 minutos y tardan 40 minutos en dorarse.

Para servir
Acompañe con arroz cocido y ensalada de tomate.

Congelación
Las albóndigas se congelan en crudo hasta por 3 meses. La salsa se debe preparar fresca cada vez que se necesite.

PARA 4 A 6 PERSONAS

POLLO A LA CAZADORA

Las hierbas, el vino y el vinagre utilizados en este deliciosa receta casera italiana, proporcionan un maravilloso y fuerte sabor sin necesidad de agregar sal.

1/2 dl de aceite de oliva
1,5 kg de pollo en trozos
2 cebollas en rodajas
3 dientes de ajo finamente picados
250 g de cabezas de champiñones en cuartos
1,5 dl de vino tinto
1 c/da de vinagre de vino
1 c/da de perejil fresco picado
3 c/ditas de orégano fresco picado
3 c/ditas de albahaca fresca picada
1 hoja de laurel
450 g de tomates en conserva
1,5 dl de caldo de pollo
Pimienta negra recién molida
Una pizca de azúcar

1. Caliente el aceite en una sartén grande y fría los trozos de pollo con la piel hacia abajo y en una misma tanda.

Paso 2 Dé vuelta a los trozos de pollo frecuentemente hasta que se doren por todos lados.

2. Dore el pollo de 3 a 4 minutos y después dé la vuelta a los trozos. Siga dándoles vueltas hasta que se hagan por todos lados.

3. Colóquelas en una fuente y consérvelas calientes.

4. Añada cebollas y ajo al aceite con el jugo que soltó el pollo. Sofría ligeramente de 2 a 3 minutos o hasta que empiecen a dorar.

5. Añada los champiñones y deje cocinar durante 1 minuto removiendo constantemente.

6. Vierta el vino y el vinagre a la sartén y deje hervir a fuego alto hasta que se consuma la mitad del líquido original.

7. Añada las hierbas, la hoja de laurel y los tomates; remueva bien para deshacer los tomates.

8. Vierta el caldo de pollo y sazone con la pimienta y el azúcar.

Paso 7 Deshaga los tomates en la sartén presionándolos con la parte posterior de una cuchara de madera.

9. Coloque de nuevo el pollo en la salsa de tomate, cubra con una tapa que ajuste bien. Hierva a fuego bajo durante aproximadamente 1 hora o hasta que el pollo esté blando.

Notas del chef

Tiempo
La preparación requiere aproximadamente 20 minutos y tarda 1 hora 15 minutos en cocerse.

Para servir
Acompañe con arroz o pasta y una ensalada mixta.

Variante
Use la deliciosa salsa de esta receta con cualquier otro tipo de su carne favorita.

Congelación
Este plato congela bien hasta por 3 meses. Descongele perfectamente y deje hervir a fuego bajo por lo menos 30 minutos antes de servirlo.

PARA 4 PERSONAS

ALBÓNDIGAS AGRIDULCES DE PAVO

Estas albóndigas de pavo son fáciles de preparar y se sirven con una salsa agridulce de sabor fuerte.

1 cebolla pequeña finamente picada
2 1/2 c/das de aceite de oliva
450 g de pavo crudo
1 diente de ajo finamente picado
2 1/2 c/das de perejil fresco picado
2 1/2 c/das de almendras peladas y finamente picadas
Pimienta negra recién molida
Una pizca de mezcla de especias
1 1/4 c/das de pasas picadas
2 1/2 c/das de miga de pan integral fresco
1 huevo batido
4 cebollitas tiernas en rodajitas finas
3 dl de zumo de tomate
2 1/2 c/das de pasta de tomate
Zumo de medio limón
1 1/4 c/das de miel
1 guindilla verde sin semillas cortada en rodajitas finas
2 rodajas de piña fresca finamente picadas
1 pimiento rojo mediano sin semillas y cortado en tiras
2 zanahorias peladas y ralladas gruesas

1. Sofría ligeramente la cebolla en el aceite de oliva hasta que esté transparente.

2. Pique el pavo crudo en un procesador de alimentos o picadora.

3. Coloque el pavo picado en un bol grande junto con el ajo, el perejil, las almendras, la pimienta, las especias mixtas, las pasas, el pan y el huevo.

4. Añada la cebolla sofrita y el aceite y remueva para incorporar perfectamente todos los ingredientes.

5. Divida la mezcla en 16 porciones y forme las albóndigas. Ponga en la nevera durante 30 minutos.

6. Ponga a hervir el resto de los ingredientes en una cazuela honda. Tape la cazuela y deje hervir la salsa a fuego lento 10 minutos removiendo ocasionalmente.

Paso 4 Añada la cebolla sofrita junto con el aceite a la mezcla de pavo picado y remueva para incorporar bien todos los ingredientes.

Paso 5 Divida la mezcla en 16 porciones iguales y forme las albóndigas con las manos enharinadas.

7. Acomode cuidadosamente las albóndigas en la salsa, tape nuevamente y deje hervir a fuego bajo 20 minutos más o hasta que estén completamente cocidas.

Notas del chef

Tiempo
La preparación requiere de 20 a 25 minutos y la cocción tarda más o menos 35 minutos.

Para servir
Acompañe con arroz o pastas integrales.

Preparación
Si la salsa se evapora muy rápido, agregue un poco de caldo o agua para mantenerla bastante líquida.

Sugerencias
Si lo desea, una vez que haga las albóndigas puede freírlas en un poco de aceite antes de ponerlas en la salsa.

PARA 4 PERSONAS

ALETAS DE RAYA EN SALSA DE MANTEQUILLA

El pescado de cualquier tipo, es una fuente excelente de yodo para las personas que llevan una dieta baja en sal. Las aletas de raya son tan económicas como deliciosas y son un cambio interesante de los platos de pescado más comunes.

4 aletas de raya
1 cebolla muy pequeña en rodajas
2 ramas de perejil
6 granos de pimienta negra enteros
3 dl de caldo de verduras o de pescado
50 g de mantequilla sin sal
1 1/4 c/da de alcaparras
2 1/2 c/das de vinagre de vino blanco
1 1/4 c/da de perejil fresco picado

1. Coloque las aletas de raya formando una capa en el fondo de una sartén honda.

2. Añada las rodajas de cebolla, las ramas de perejil y los granos de pimienta, después vierta el caldo.

3. Deje que empiece a hervir a fuego lento con la cazuela destapada y deje hervir a fuego bajo de 10 a 15 minutos.

4. Saque cuidadosamente las alas de raya de la sartén y colóquelas en una fuente.

5. Retire los restos de piel o cualquier espina grande del pescado, teniendo mucho cuidado de no romper las aletas. Mantenga caliente.

Paso 1 Coloque las aletas de raya en una sartén junto con las rodajas de cebolla, las ramas de perejil, los granos de pimienta y el caldo.

6. Ponga la mantequilla en una cazuela pequeña y caliente a fuego alto hasta que empiece a dorarse.

7. Agregue las alcaparras y retire inmediatamente la mantequilla del fuego. Viértale el vinagre por encima para que clarifique la mantequilla caliente.

8. Vierta la salsa caliente de mantequilla sobre las aletas de raya y espolvoree un poco de perejil picado. Sirva inmediatamente.

Paso 5 Retire con mucho cuidado los restos de piel o las espinas del pescado cocido usando un cuchillo afilado.

Paso 7 Añada el vinagre a la mantequilla caliente con alcaparras. Esto clarifica la mantequilla caliente.

Notas del chef

Tiempo
La preparación requiere de 10 a 15 minutos y tardará 20 minutos en cocerse.

Para servir
Acompañe con verduras frescas y patatas pequeñas asadas.

Preparación
Una vez cocidas las aletas, la carne se separa de las espinas en tiras largas.

Atención
Tenga cuidado de no quemar la mantequilla cuando la caliente a fuego alto. Sólo debería estar ligeramente dorada antes de agregar las alcaparras y el vinagre.

PARA 4 PERSONAS

POLLO CON SALSA DE MANZANAS

Las sabrosas manzanas frescas y el pollo tierno hacen que esta receta baja en sal sea ideal para servirla como parte de una comida especial.

60 g de mantequilla sin sal
2 c/das de aceite de girasol
8 pechugas de pollo sin piel deshuesadas
1/2 dl de brandy o cognac
2 manzanas peladas sin corazón y picadas en trozos gruesos
1 escalonia finamente picada
2 tallos de apio finamente picados
1/2 c/dita de tomillo seco desmenuzado
6 c/das de caldo de pollo
2 huevos ligeramente batidos
6 c/das de nata espesa

1. Caliente la mitad de la mantequilla y todo el aceite en una sartén grande hasta que forme espuma.

2. Añada el pollo y fría a fuego bajo, dándole vuelta una o dos veces hasta que esté bien dorado.

3. Vacíe la mayor parte de la grasa de la sartén a otro recipiente, dejando sólo el pollo y sus jugos para cocinarlo.

Paso 4 Encienda con cuidado el brandy caliente y agite ligeramente la sartén hasta que se apague.

4. Vierta el brandy a la sartén junto con el pollo y caliente a fuego bajo. Encienda el brandy con cuidado usando una cerilla y agite la sartén hasta que se apague.

5. En una cazuela o sartén pequeña, derrita el resto de la mantequilla. Agregue las manzanas picadas, la escalonia y el apio. Sofría aproximadamente 5 minutos hasta que se ablanden pero no lleguen a quemar.

6. Añada las manzanas fritas al pollo junto con el tomillo y el caldo. Tape cuando empiece a hervir, baje la temperatura y deje cocinar durante 30 minutos.

7. Saque el pollo de la sartén y coloque los trozos en una fuente. Coloque los huevos y la nata en un bol y bátalos gradualmente agregando un poco de la salsa de la cazuela. Siga batiendo hasta incorporar toda la salsa y que la mezcla tenga una consistencia homogénea.

8. Vierta la salsa nuevamente en la cazuela y caliente a fuego bajo de 2 a 3 minutos removiendo constantemente hasta que espese. Vierta la salsa caliente sobre las pechugas y sírvalas adornando con berros.

Paso 7 Añada poco a poco la salsa caliente a la mezcla de huevos con nata y remueva vigorosamente con un batidor hasta que tenga una consistencia homogénea.

Notas del chef

Tiempo
La preparación requiere de 25 a 30 minutos y la cocción tarda de 40 a 50 minutos.

Preparación
Si lo prefiere, en lugar de batir la salsa a mano, puede hacerlo en un procesador de alimentos o en una batidora.

Para servir
Acompañe con patatas y guisantes.

Atención
Tenga cuidado de que la salsa no hierva después de agregar los huevos y la nata o se cuajará.

PARA 4 PERSONAS

CAZUELA DE MARISCOS MEDITERRÁNEA

Los mariscos frescos cocinados con vino tinto y tomates, son un impresionante plato principal para servir en una cena especial.

1 cebolla pelada y finamente picada
3 c/das de aceite de oliva
2 dientes de ajo picados
700 g de tomates pelados, sin semillas y picados
2 c/das de pasta de tomate
6 dl de vino tinto seco
Pimienta negra recién molida
1 kg de mejillones en sus conchas
8 langostinos sin pelar
125 g de gambas peladas
125 g de carne blanca de cangrejo
8 pinzas pequeñas de cangrejo para adornar
2 c/das de aceite de girasol
1 diente de ajo picado
1 c/da de perejil fresco picado
8 rodajas de pan de barra duro

1. En una cazuela grande, sofría la cebolla a fuego bajo durante 3 minutos en aceite de oliva sin que se dore.

2. Añada 2 dientes de ajo y los tomates, sofría a fuego bajo 3 minutos y remueva para deshacer los tomates.

3. Añada la pasta de tomate, el vino tinto y la pimienta negra. Deje que rompa a hervir, tape y deje hervir a fuego lento durante 15 minutos.

4. Lave los mejillones para quitarles cualquier suciedad o restos de algas adheridas a la concha.

5. Si algunos mejillones están abiertos, golpéelos ligeramente con el mango de un cuchillo. Si no se cierran de inmediato, tírelos.

6. Ponga los mejillones firmemente cerrados en la salsa de tomate hirviendo. Tape y cueza 5 minutos.

Paso 4 Limpie las conchas de los mejillones con un cuchillo afilado cortándoles los restos de algas o cualquier suciedad adherida.

Paso 6 Después de cocer los mejillones durante 5 minutos en la salsa de tomate, todos deben estar abiertos. Si alguno permanece cerrado, sáquelo y tírelo.

7. Añada los langostinos enteros, las gambas peladas, la carne y las pinzas de cangrejo. Tape nuevamente y deje hervir a fuego bajo 5 minutos.

8. Caliente el aceite en una sartén; añada el diente de ajo restante y el perejil.

9. Ponga las rodajas de pan en el aceite caliente y dórelas por un lado. Déles vuelta y fría hasta que se doren del otro lado.

10. Vierta el estofado de pescado en una fuente honda, coloque el pan de ajo encima. Remueva un poco antes de servir.

Notas del chef

Tiempo
La preparación requiere de 15 a 20 minutos y la cocción, más o menos 30 minutos.

Preparación
Todos los mejillones deben abrirse por completo después de cocerlos en la salsa de tomate. Si alguno no se abre, sáquelo y tírelo.

Para servir
Acompañe con una gran ensalada mixta y más pan para mojar en la salsa.

PARA 6 PERSONAS

TERNERA RELLENA

La acedera le da un sabor único a este plato. Si no la consigue, sustitúyala por espinacas.

1 kg de asado de ternera enrollado
125 g de queso fresco con ajo y hierbas
125 g de hojas de acedera finamente picadas
2 1/2 c/ditas de orégano fresco o de mejorana picada
60 g de nueces finamente picadas
Pimienta negra recién molida
60 g de harina
1/2 c/dita de pimentón
1 huevo batido
125 g de pan rallado seco
3 c/das de mantequilla sin sal derretida

1. Desenrolle el asado de ternera y retire algo de la grasa de la parte exterior con un cuchillo bien afilado.

2. Ponga el queso, la acedera, el orégano o la mejorana, las nueces y la pimienta negra en un bol. Mezcle con una espátula o con la mano hasta que los ingredientes se incorporen bien. Extienda este relleno sobre la parte interior de la carne.

Paso 2 Extienda los ingredientes del relleno en una capa uniforme sobre la parte interior de la carne.

3. Enrolle el asado de ternera relleno y cosa los extremos con aguja de cocina e hilo grueso.

4. Enharine el rollo de carne y espolvoréele pimentón. Presione con las manos esta cobertura para que se adhiera bien.

5. Pincele toda la carne con huevo usando una brocha y rebócela haciendo presión para que se cubra bien por todos lados.

6. Caliente previamente el horno a 165 °C. Coloque la ternera rebozada en una fuente para hornear, úntele mantequilla derretida y ásela durante 1 hora, o hasta que la carne esté hecha.

7. Para servir la carne caliente, déjela reposar 10 minutos antes de cortarla o refrigérela y sirva fría.

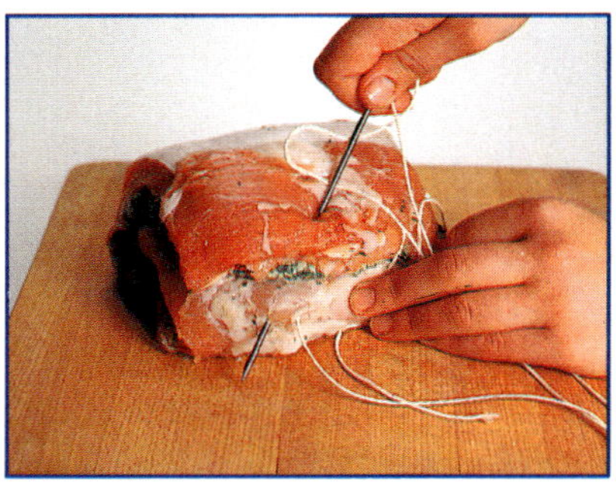

Paso 3 Cosa los extremos del asado con una aguja de cocina e hilo grueso.

Notas del chef

Tiempo
La preparación requiere 25 minutos y la cocción, de 1 a 1 1/2 horas.

Variante
Use un rollo de cordero para asado en lugar de ternera.

Para servir
Acompañe con ensalada o verduras y una rica salsa dorada.

Congelación
Esta carne congela bien; es ideal para prepararse con anticipación y servirla fría después de descongelarla.

PARA 4 PERSONAS

GALLINAS DE GUINEA CON SALSA PICANTE

La preparación de este plato lleva bastante tiempo, pero el resultado final recompensará su esfuerzo.

4 gallinas de Guinea
1 1/4 c/ditas de pimentón
1 1/4 c/ditas de mostaza en polvo
1 1/4 c/ditas de jengibre en polvo
Una pizca de pimienta de Jamaica molida
60 g de mantequilla sin sal
2 c/das de salsa picante
1 c/da de chutney de ciruela
1 c/da de salsa dorada
1 c/da de salsa inglesa
1 c/da de salsa de soja
Unas gotas de salsa Tabasco
3 c/das de caldo de pollo

1. Ate las patas de cada gallina y colóquelas bajo las alas.

2. Ponga el pimentón, la mostaza, el jengibre y la pimienta de Jamaica en un bol pequeño y remueva bien.

3. Unte las 4 aves con la mezcla de especias, teniendo cuidado de poner un poco bajo las alas y entre las articulaciones.

4. Enfríe en la nevera durante por lo menos 1 hora.

5. Coloque las gallinas en una bandeja de horno. Derrita la mantequilla y pincele las aves con ésta usando una brocha. Ase durante 20 minutos en el horno calentado previamente a 190 °C y riegue con los jugos del asado durante el proceso.

6. Ponga la salsa picante, el chutney de ciruela, las salsas dorada, inglesa, de soya y el Tabasco y el caldo de pollo en un tazón pequeño y mezcle bien.

7. Unte las aves con la mitad de esta mezcla usando una brocha. Ponga nuevamente en el horno y hornee de 15 a 20 minutos más.

8. Riegue dos veces o más las aves con el resto de la salsa mientras se hornean, para que la piel quede dorada y crujiente.

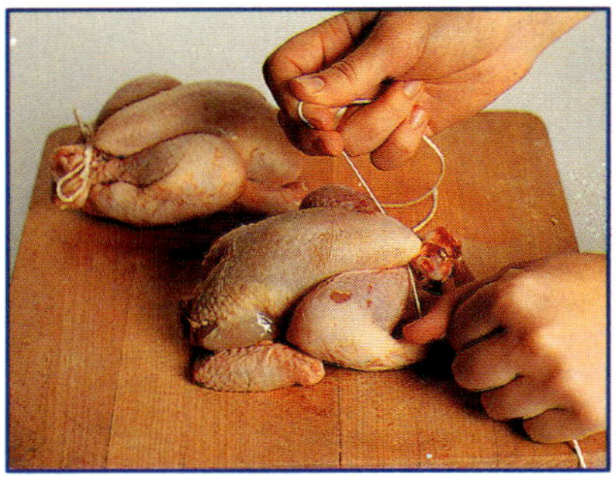

Paso 1 Ate las patas de cada gallina con hilo y colóquelas bajo las alas.

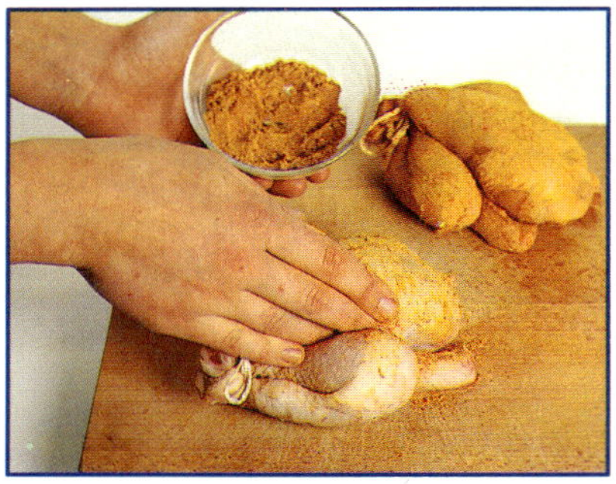

Paso 3 Unte las gallinas con la mezcla de especias poniendo un poco bajo las alas y en las articulaciones.

Notas del chef

Tiempo
La preparación requiere aproximadamente 25 minutos, más 1 hora de reposo, y tarda de 60 a 70 minutos en hornearse dependiendo del tamaño de las aves.

Variante
En lugar de gallinas de Guinea, puede usar pichones.

Para servir
Acompañe con pasta y una gran ensalada.

Congelación
Este plato congela bien hasta por 3 meses.

PARA 4 PERSONAS

FILETES CON PIMIENTOS

En esta receta, los pimientos, la mostaza y las alcaparras se muelen juntos para preparar una deliciosa salsa de especias que no necesita sal.

4 filetes de solomillo de aproximadamente 118 g cada uno
2 dientes de ajo picados
Pimienta negra recién molida
3 c/das de aceite de girasol
2 escalonias finamente picadas
4 c/das de alcaparras
125 g de champiñones rebanados
30 g de harina
3 dl de caldo de carne
5 c/ditas de mostaza preparada
2 c/ditas de salsa inglesa
1 dl de vino blanco
2 c/ditas de zumo de limón
Una pizca de tomillo y de romero seco
8 mazorcas tiernas miniatura cortadas por la mitad a lo largo
1 pimiento verde sin semillas, finamente cortado en rodajas
1 pimiento rojo sin semillas, finamente cortado en rodajas
1 pimiento amarillo sin semillas, finamente cortado en rodajas
4 tomates pelados sin semillas, cortados en tiras

Paso 4 Espolvoree la harina sobre las verduras salteadas y cocine a fuego bajo hasta que se doren ligeramente.

1. Coloque los filetes sobre una superficie plana y úntelos por ambos lados con ajo y pimienta negra. Refrigere 30 minutos.

2. Caliente el aceite en una sartén grande y, a fuego alto, fría los filetes 1 minuto por cada lado. Saque la carne de la sartén y resérvela.

3. Añada las escalonias, las alcaparras y los champiñones al aceite con el jugo de la carne. Cocine aproximadamente 1 minuto.

4. Espolvoree la harina sobre las verduras y fría ligeramente hasta que empiecen a dorarse. Vierta el caldo y remueva bien; añada la mostaza, la salsa inglesa, el vino, el zumo de limón, el tomillo y el romero, conforme espesa la salsa.

5. Coloque los filetes nuevamente en la salsa junto con las mazorcas, los pimientos y los tomates. Deje hervir a fuego bajo de 6 a 8 minutos o hasta que la carne se haga, pero asegúrese de que queda rosada en el centro. Sirva inmediatamente.

Paso 5 Mezcle las mazorcas, pimientos y tomates con la salsa, removiendo constantemente para que se cubran bien.

Notas del chef

Tiempo
La preparación requiere aproximadamente 30 minutos, más 30 minutos de refrigeración. La cocción tarda 20 minutos.

Preparación
Es importante freír los filetes por ambos lados al principio para sellarlos y conservar los jugos.

Para servir
Acompañe con arroz o patatas asadas.

PARA 6 PERSONAS

MOUSSE DE CHOCOLATE AL BRANDY

El chocolate y el brandy se mezclan perfectamente para crear una mousse deliciosa que toma consistencia de crema espesa al refrigerarla.

180 g de chocolate amargo
5 c/das de agua
15 g de mantequilla sin sal
3 huevos separados
2 1/2 c/das de brandy o cognac
5 c/das de chocolate rallado

1. Parta el chocolate en trocitos y póngalos en un bol grande junto con el agua.

2. Ponga el bol al baño María en una fuente con agua hirviendo. Derrita el chocolate y remueva para que se mezcle con el agua.

3. Saque el bol de la fuente y deje enfriar.

4. Corte la mantequilla en dados pequeños y añádala al chocolate derretido; remueva constantemente para que se incorpore conforme se derrita.

5. Añada las yemas de huevo una por una y bata; después mezcle el brandy.

6. Coloque las claras de huevo en un tazón grande y bátalas a punto de nieve con una batidora eléctrica o de mano.

7. Añada en forma envolvente a la mezcla de chocolate.

8. Vierta la mousse de chocolate en 6 copas individuales y enfríe en la nevera durante la noche antes de servirla.

9. Adorne con chocolate rallado y sirva.

Paso 2 Derrita el chocolate al baño María en un bol grande colocado en una fuente con agua hirviendo.

Paso 7 Incorpore las claras de huevo batidas al chocolate en forma envolvente, con una espátula o cuchara de metal.

Notas del chef

Tiempo
La preparación requiere 20 minutos y tarda aproximadamente 10 minutos en cocinarse.

Variante
En esta receta, añada media cucharadita de ralladura de naranja y 2 1/2 c/das de cointreau en lugar del brandy.

Atención
Tenga mucho cuidado de no derretir el chocolate demasiado rápido, pues puede separarse.

PARA 6 PERSONAS

TARTA DE MANZANAS CON MIEL

Este delicioso postre de manzana es exquisito tanto frío como caliente.

90 g de harina integral
90 g de harina
90 g de mantequilla sin sal
1 yema de huevo
3 c/das de agua fría
3 dl de puré de manzana sin azúcar
1 c/da de miel
2 yemas de huevo
2 c/das de almendras molidas
3 manzanas grandes peladas sin corazón y cortadas en rodajas finas
Azúcar moreno
3 c/das de miel clara caliente para glasear

Paso 4 Pellizque las orillas de la pasta y pinche el fondo con un tenedor.

1. Coloque las harinas en un bol grande.

2. Corte la mantequilla en la harina y trabájela hasta que la mezcla parezca pan rallado.

3. Bata la yema de huevo junto con las 3 cucharadas de agua. Mezcle con los ingredientes secos y forme una pasta suave y firme; agregue un poco más de agua si es necesario.

4. Extienda la pasta sobre una superficie enharinada y forre un molde de fondo desprendible para flan de 22,5 cm. Pellizque los bordes y pinche el fondo con un tenedor para evitar que se levante mientras la hornea.

5. Mezcle el puré de manzana con la miel, las yemas de huevo y las almendras molidas, mezclando bien.

6. Extienda esta mezcla sobre la pasta.

7. Coloque las rodajas de manzana sobre el relleno formando círculos y haciendo que se monten unas sobre otras ligeramente.

Paso 7 Coloque las rodajas de manzana sobre el relleno de manzanas y almendras, formando círculos y haciendo que se monten unas sobre otras ligeramente.

8. Esparza un poco de azúcar moreno y hornee de 35 a 40 minutos, o hasta que las manzanas empiecen a dorarse, en el horno precalentado a 190 °C.

9. Unte cuidadosamente la superficie de la tarta con la miel caliente, en cuanto la saque del horno, utilizando una brocha, para glasearla.

Notas del chef

Tiempo
La preparación requiere 45 minutos y tarda más o menos 40 minutos en hornearse.

Para servir
Adorne con nata montada fresca.

Atención
Si las manzanas empiezan a dorarse antes de que la pasta esté lista, tape la tarta con papel de aluminio para evitar que se quemen demasiado.

PARA 6 A 8 PERSONAS

PASTEL CON FRUTOS SECOS

Este elegante postre lleva como base una pasta de nuez.

125 g de albaricoques secos
125 g de ciruelas pasas
3 dl de vino tinto o de sidra seca
125 g de mantequilla sin sal
60 g de azúcar moreno
125 g de harina
60 g de nueces molidas
3 c/das de nueces finamente picadas
2 c/das de miel clara caliente

Paso 3 Añada poco a poco las nueces molidas y la harina a la mantequilla ya batida con el azúcar, hasta obtener una pasta homogénea.

1. Coloque los albaricoques y las ciruelas en un bol grande. Caliente el vino o la sidra y viértalo sobre la fruta seca. Deje reposar la mezcla 4 horas como mínimo.

2. Bata la mantequilla con el azúcar hasta formar una pasta cremosa ligera y esponjosa.

3. Añada poco a poco la harina y las nueces.

4. Amase la pasta hasta que suavice y añádale las nueces picadas gradualmente mientras lo hace.

5. Extienda la pasta presionando suavemente en el fondo de un molde para tarta de 22,5 cm. Pinche el fondo con un tenedor y hornee 15 minutos en el horno calentado previamente a 190 °C.

Paso 4 Añada las nueces picadas a la pasta mientras la amasa.

Paso 5 Presione la pasta en el fondo del molde para tarta.

6. Saque los albaricoques y las ciruelas pasas del líquido donde se empaparon, escurra el exceso de líquido con toallas de papel.

7. Saque la base del horno y coloque encima la fruta.

8. Tape la tarta con papel de aluminio y hornee 10 minutos más.

9. Saque la tarta del molde con mucho cuidado y póngala en una fuente.

10. Para glasear, unte la fruta con la miel cuando todavía esté caliente la tarta; utilice una brocha.

Notas del chef

Tiempo
La preparación requiere 30 minutos, más el tiempo que lleva remojar la fruta seca; la cocción tarda 25 minutos.

Atención
Si la pasta está muy blanda, póngala en la nevera durante 30 minutos.

Congelación
Este postre se congela bien hasta por 2 meses, pero lo debe glasear justo antes de servirlo.

PARA 4 PERSONAS

CREMA QUEMADA CON ESPECIAS

Deleite a sus invitados con esta variante poco usual de un postre clásico.

- 3 dl de leche
- 1 ramita de canela
- 2 c/das de semillas de cilantro enteras
- 1 vaina de vainilla
- 4 yemas de huevo
- 1 1/2 c/das de harina fina de maíz
- 90 g de azúcar refinada
- 3 dl de nata fresca
- 4 c/das de azúcar moreno

1. Vierta la leche en una cazuela de fondo grueso y añada la canela, las semillas de cilantro y la vainilla. Caliente hasta que la mezcla empiece a hervir, retire del fuego y enfríe por completo.

Paso 2 Bata las yemas de huevo, la harina fina de maíz y el azúcar hasta obtener una crema ligera. Cuando esté lista, esta mezcla debe dejar un cordón en la superficie al escurrir.

Paso 5 Cueza la natilla a fuego bajo hasta que espese lo suficiente como para cubrir la parte posterior de una cuchara de madera.

2. Bata las yemas de huevo en un bol junto con la harina fina de maíz y el azúcar para formar una crema ligera.

3. Cuele la leche para separar las especias. Vierta la leche ya colada en una cazuela junto con la nata y caliente hasta que esté a punto de hervir.

4. Bata la leche caliente y la nata con la mezcla de huevo, añadiéndola gradualmente hasta obtener una crema suave.

5. Enjuague la cazuela y vierta de nuevo la natilla en ella. Cocine a fuego bajo hasta que casi suelte el hervor y remueva constantemente con una cuchara de madera hasta que espese lo suficiente como para cubrir la parte posterior de ésta.

6. Vierta partes iguales de la natilla en 4 fuentes para hornear individuales. Enfríe hasta que cuaje.

7. Coloque las 4 fuentes en una bandeja para hornear y rodéelas con cubitos de hielo. Caliente previamente el horno a su máxima temperatura.

8. Espolvoree 1 cucharada de azúcar moreno encima de cada natilla y después meta la fuente al horno. Gire las natillas con frecuencia sobre la fuente para que se acaramele el azúcar. Deseche el hielo y enfríe las natillas de nuevo hasta que el caramelo endurezca y quede crujiente.

Paso 7 Coloque las fuentes con la natilla en una bandeja para hornear y rodéelas con hielo en cubitos para evitar que las natillas se calienten en el horno.

Notas del chef

Tiempo
La preparación requiere 15 minutos y tarda 30 minutos en cocerse.

Para servir
Acompañe con galletas o fruta fresca.

Atención
No hierva ni la mezcla de leche con nata ni la mezcla de yema de huevo, pues pueden separarse y la natilla no quedará suave.

PARA 4 PERSONAS

CORAZONES DE CANELA CON SALSA DE FRAMBUESA

Las deliciosas cremas de canela se complementan maravillosamente con el sabor fuerte de la salsa de frambuesa.

225 g de queso crema
4 dl de nata fresca
90 g de azúcar glas tamizada
2 1/2 c/ditas de canela en polvo
225 g de frambuesas frescas
30 g de azúcar

1. Coloque el queso crema junto con 5 cucharadas de nata en un bol grande. Bata con una batidora eléctrica hasta obtener una consistencia ligera y esponjosa.

2. Agregue el azúcar glas tamizada y la canela; bata hasta que los ingredientes se incorporen bien.

3. Bata el resto de la nata en otro tazón hasta que forme picos.

4. Incorpore la nata al queso crema en forma envolvente usando una cuchara de metal.

5. Forre cuatro moldes individuales en forma de corazón con paño húmedo dejando que sobresalga por los bordes.

6. Vierta la mezcla de queso en los moldes individuales haciendo presión para sacar las burbujas de aire que se hayan formado.

7. Doble los extremos del paño hacia la superficie del relleno y refrigere por lo menos 8 horas. Coloque los moldes sobre una fuente con rejilla.

8. Bata las frambuesas en una batidora y pase por un tamiz de nylon para separar las semillas.

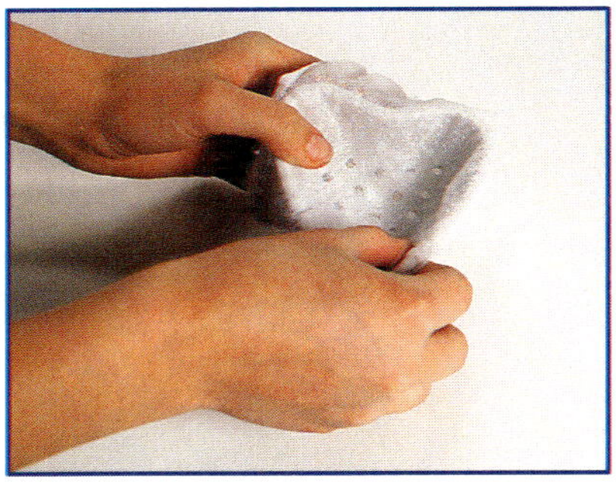

Paso 5 Forre cuatro moldes en forma de corazón con un paño extendiendo el material para que sobresalga de los bordes.

Paso 7 Coloque los moldes en forma de corazón ya llenos sobre una bandeja con rejilla para que ahí caigan las gotas de suero que soltarán mientras que enfrían.

9. Mezcle el azúcar glas con la fruta batida para endulzarla.

10. Retire con mucho cuidado el paño de los corazones de queso y colóquelos en platos individuales.

11. Riegue cada corazón con un poco de la salsa de frambuesa y sirva el resto aparte.

Notas del chef

Tiempo
La preparación requiere 15 minutos, más una noche para refrigerar.

Preparación
Es importante utilizar moldes con orificios en el fondo, ya que esto permite que escurra el líquido sobrante mientras que se enfrían.

Para servir
Acompañe este postre de queso crema con un poco más de nata montada y pétalos de rosas cristalizados.

PARA UN BIZCOCHO CUADRADO DE 17,5 CM

PAN DE JENGIBRE

El almíbar de azúcar moreno y la miel se combinan en este estupendo pastel casero.

125 g de mantequilla sin sal
1 dl de almíbar espeso de azúcar moreno
225 g de azúcar moreno
1 dl de agua caliente
300 g de harina
2 1/2 c/ditas de levadura
2 1/2 c/ditas de jengibre fresco pelado y rallado
1 1/4 c/ditas de nuez moscada rallada
1 huevo batido

Paso 1 Derrita la mantequilla, el almíbar y el azúcar en una cazuela grande.

1. Ponga la mantequilla junto con el almíbar y el azúcar en una cazuela grande. Caliente a fuego lento hasta derretir el azúcar y la mantequilla, remueva constantemente.

2. Agregue el agua caliente, remueva y deje aparte.

3. Tamice la harina junto con la levadura en un cuenco grande. Haga un hueco en el centro y añada el jengibre, la nuez moscada y el huevo batido.

4. Añada poco a poco el almíbar batiendo con una cuchara de madera; incorpore gradualmente la harina de los extremos hacia el centro.

Paso 4 Agregue gradualmente el almíbar e incorpore la harina de los extremos hacia el centro utilizando una cuchara de madera.

Paso 6 El bizcocho está listo cuando inserte un palillo en el centro y salga limpio.

5. Forre el fondo de un molde para pastel con papel encerado untado con un poco de aceite.

6. Vierta la mezcla del pan de jengibre en el molde y hornee de 1 a 1 1/2 horas en el horno calentado previamente a 165 °C. Durante este proceso pinche un palillo en el bizcocho y cuando éste salga limpio, el bizcocho está listo.

7. Deje que el bizcocho se enfríe dentro del molde antes de darle la vuelta sobre una rejilla metálica.

Notas del chef

Tiempo
La preparación requiere aproximadamente 15 minutos y tarda de 1 a 1 1/2 horas en hornearse.

Variante
Agregue 60 g de frutas surtidas picadas a la mezcla para el pan, junto con las especias.

Para servir
Si lo sirve como postre, acompáñelo con una salsa de limón.

Congelación
Este pastel congela bien hasta por un mes.

PARA UNA TARTA REDONDA DE 20 CM

TARTA ALMENDRADA

Esta deliciosa tarta no es definitivamente para quienes cuidan su dieta, pero sí para quienes deseen caer en la tentación. Este maravilloso dulce con nata resulta ideal para acompañar el té o incluso como postre.

60 g de pan rallado blanco seco
1 dl de leche
2 c/das de ron
90 g de mantequilla o margarina sin sal
90 g de azúcar refinada
6 huevos separados
90 g de almendras tostadas molidas
6 dl de nata fresca
30 g de azúcar glas
60 g de almendras tostadas finamente picadas
Almendras enteras peladas y ligeramente tostadas para decorar

1. Ponga el pan rallado en un tazón y añada la leche y 1 cucharada de ron. Deje reposar 15 minutos o hasta que el líquido se absorba por completo.

2. Ponga la mantequilla en un tazón grande y bata hasta que se suavice. Añada poco a poco el azúcar y siga batiendo hasta que tenga consistencia ligera y esponjosa.

3. Mezcle las yemas, una por una, a la mezcla de mantequilla. Bata bien para evitar que se separe.

4. Añada el pan remojado a la mantequilla con huevo mezclando bien.

Paso 3 Agregue las yemas una por una a la mezcla de mantequilla y azúcar y bata bien para evitar que se separe la mezcla.

5. Bata las claras a punto de nieve. Incorpore en forma envolvente a la mezcla de mantequilla y huevo junto con las almendras molidas.

6. Engrase ligeramente 3 moldes redondos para pastel de 20 cm y espolvoree un poco de harina en cada uno. Fórrelos con papel encerado ligeramente engrasado.

7. Divida la mezcla en tres partes iguales y vierta en los moldes. Hornee de 30 a 35 minutos o hasta que levanten y se doren en el horno calentado previamente a 175 °C.

8. Deje que se enfríen un poco antes de separar las orillas con cuidado, deles la vuelta en una rejilla metálica para que se terminen de enfriar.

9. Bata la nata hasta que tenga una consistencia firme, después añádale el azúcar glas y el resto del ron y bata un poco más.

10. Aparte 1/3 de la nata en otro tazón e incorpore las almendras picadas a los otros 2/3.

11. Monte la tarta alternando capas de bizcocho y nata con almendras, después unte la nata restante en la parte superior y aparte un poco para hacer los rosetones.

12. Ponga en una manga pastelera una punta pequeña de estrella y haga rosetones pequeños de nata sobre el pastel. Adorne con las almendras enteras tostadas y sirva.

Paso 11 Monte el pastel alternando capas de bizcocho y nata con almendras y presione ligeramente para que la nata sobresalga un poco por los bordes.

Notas del chef

Tiempo
La preparación requiere 40 minutos y tarda 35 minutos en hornearse.

Sugerencia
Para obtener mejores resultados, refrigere la nata por lo menos 2 horas antes de batirla.

Congelación
Los bizcochos de almendra pueden congelarse hasta por un mes, pero se deben rellenar y decorar justo antes de servirlos, de lo contrario se humedecen demasiado.

COCINA FÁCIL Y LIGERA

RICA EN
VITAMINAS

PARA RENOVAR ENERGÍAS

Introducción

Las vitaminas son sustancias vitales para el mantenimiento de nuestros cuerpos. Sin embargo, tanto se ha escrito acerca de estos potentes e invisibles elementos presentes en nuestros alimentos, que muy pocos de nosotros podemos discernir entre la ficción y la realidad.

Al llevar una dieta equilibrada y variada se obtiene una cantidad más que suficiente de las vitaminas necesarias para cubrir las necesidades diarias, ya que aunque hay muchas vitaminas diferentes, sólo nos hace falta una pequeñísima cantidad de cada una. Sin embargo, en ciertos casos como durante el embarazo, una enfermedad o en edad avanzada, puede requerirse una mayor cantidad de vitaminas. En estos casos, debe contarse con la supervisión de un médico o de un especialista en nutrición.

Para identificar las vitaminas se utiliza principalmente una nomenclatura de letras, aunque ella no indica de ninguna manera, el orden de importancia. En el caso de la vitamina B, existen variaciones complejas de vitaminas las cuales se denominan "complejo B". La tabla a continuación es una guía general acerca de las vitaminas más importantes, su función y sus fuentes.

VITAMINA	FUENTES	FUNCIONES
A	Pescado graso, grasas, asaduras, zanahorias, verduras verdes, tomates, berros	Crecimiento general, buena visión, piel sana
B.1	Extracto de levadura, germen de trigo, cacahuates, pan integral, huevos, leguminosas	Ayuda al sistema nervioso y al metabolismo. Es hidrosoluble y por eso se pierde fácilmente en la cocción
B.2	Leche, productos lácteos, almendras, champiñones, leguminosas, carnes rojas, verduras verdes	Ayuda al metabolismo y a mantener sanos la boca, los labios y la piel
B.3	Leche, huevos, extracto de levadura, carnes rojas, orejones	Esencial para el sistema nervioso
B.6	Levadura, cereales integrales, asaduras, productos lácteos, plátanos, verduras de hojas	Ayuda a la producción de células nuevas y promueve la salud del sistema nervioso
B.12	Asaduras, carne, huevos, queso, leche	Ayuda a la producción de glóbulos rojos
C	Frutas y verduras	Ayuda a que el cuerpo resista a las infecciones, mantiene sana la piel y ayuda a la absorción de hierro
D	Pescado graso, grasas, productos lácteos, asaduras, carnes rojas	Ayuda a mantener firmes los huesos y los dientes. Se produce cuando el cuerpo está expuesto a la luz solar
E	Productos de cereales integrales, huevos nueces, aceite vegetal, harina de trigo integral	Necesaria para el buen mantenimiento de los glóbulos sanguíneos, tejidos y membranas
K	Ampliamente disponible en muchos alimentos tales como las verduras verdes, los huevos y los cereales	Ayuda a la coagulación de la sangre y a la cicatrización

PARA 6 A 8 PERSONAS

TERRINA CAMPESTRE

Aunque de apariencia muy profesional e impresionante, estas terrinas son muy fáciles de preparar.

450 g de hígado de cerdo picado
350 g de carne de cerdo magra picada
225 g de chorizo
1 diente de ajo picado
2 escalonias finamente picadas
3 3/4 c/das de cognac
3/4 c/dita de pimienta de Jamaica
Sal y pimienta negra recién molida
1 1/4 c/ditas de tomillo o salvia frescos picados
225 g de panceta
2 1/2 c/das de nata espesa
125 g de lengua o jamón ahumados, cortados en dados de 0,5 cm.
1 hoja grande de laurel

1. Caliente previamente el horno a 175 °C.

2. Mezcle el hígado picado, la carne de cerdo, el chorizo, el ajo, las escalonias, el coñac, la pimienta de Jamaica, la sal, la pimienta y el tomillo en un bol grande. Remueva con una cuchara de madera hasta que los ingredientes se incorporen perfectamente, pero su consistencia sea gruesa todavía.

3. Coloque las tiras de panceta sobre una superficie plana y extiéndalas con la hoja del cuchillo.

4. Colóquelas en un molde para pan de 900 g y superponga un poco las tiras para evitar que la mezcla de la terrina se salga durante la cocción.

5. Añada la nata, la lengua o el jamón en dados a la mezcla de hígado y cerdo, y remueva con la mano para mantener la textura gruesa.

6. Coloque la mezcla de la terrina en el molde con las tiras de panceta, vertiéndola de manera uniforme y empujando hacia abajo para quitar las burbujas de aire.

7. Coloque la hoja de laurel en la parte superior y doble las orillas de la panceta.

8. Cubra el recipiente con una tapa hermética o con dos hojas de papel de aluminio.

9. Coloque el molde en una fuente para hornear y vierta suficiente agua hasta cubrir la mitad del molde.

10. Hornee la terrina durante 2 horas o hasta que los jugos salgan claros al introducir un cuchillo por el centro.

11. Quite la tapa o las hojas de papel de aluminio y cámbielas por unas nuevas.

12. Comprima las terrinas con latas o pesas de balanza, deje enfriar a temperatura ambiente y, de ser posible, enfríe en la nevera durante la noche manteniéndola comprimida hasta que esté firme.

13. Para servirla, retire las pesas y el papel de aluminio y, con cuidado, coloque la terrina en una fuente. Quítele la grasa o gelatina que pueda haberse formado alrededor de la terrina. Corte en filetes finos antes de servir.

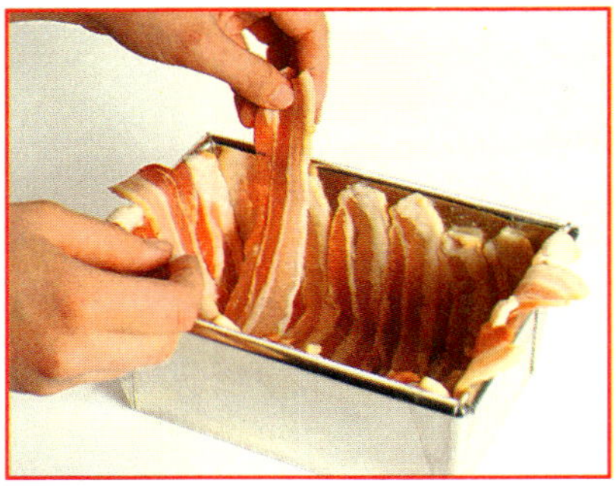

Paso 4 Coloque las tiras de panceta en un molde para pan de 900 g superponiendo un poco las tiras.

Paso 12 Tape la terrina con dos hojas de aluminio nuevas y comprima con latas o pesas de balanza.

Notas del chef

Tiempo
La preparación requiere aproximadamente 25 minutos, más el tiempo de refrigeración. El horneado tarda más o menos 2 horas.

Congelación
Este plato puede mantenerse en congelación hasta por 3 meses, pero deberá envolverse en plástico y no en hojas de papel de aluminio ni metálico.

Vitaminas
Este plato es una excelente fuente de vitaminas de todo el complejo B.

PARA 4 PERSONAS

TARAMASALATA

Este bien conocido aperitivo, clásico de la cocina griega, es una manera deliciosa de mejorar su consumo de vitaminas B y C.

90 g de huevas de bacalao ahumadas
6 rodajas de pan blanco sin corteza
1 limón
1 cebolla pequeña finamente picada
7 c/das de aceite de oliva
Aceitunas negras y perejil fresco picado para adornar

1. Corte por la mitad las huevas de bacalao y coloque la parte central en un bol. Deseche la piel.

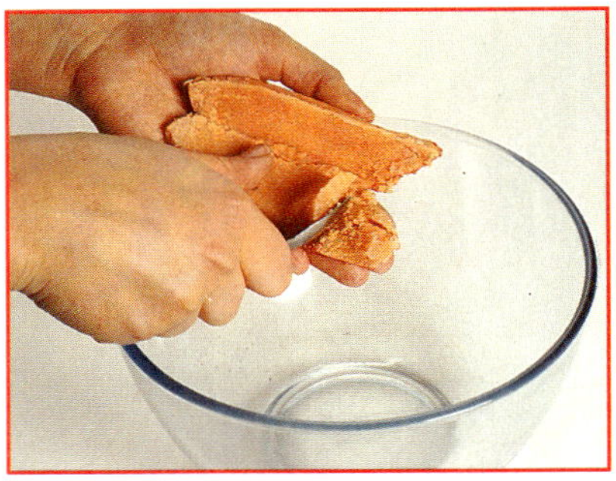

Paso 1 Corte las huevas por la mitad y con mucho cuidado retire la parte central usando una cuchara pequeña. Deseche la piel.

2. Coloque el pan en un bol junto con 1,5 dl de agua tibia y remójelo durante 10 minutos. Escurra y apriételo hasta que quede casi seco. Añádalo al bol que contiene las huevas de bacalao.

3. Exprima el limón y mezcle el zumo con el pan con huevas; revuelva bien.

4. Coloque la mezcla de huevas en la batidora o en un procesador de alimentos junto con la cebolla. Bata hasta que se forme una pasta homogénea.

Paso 2 Exprima el pan remojado para quitar el exceso de agua.

Paso 5 Agregue el aceite poco a poco a la mezcla de pescado y bata de manera constante y vigorosa entre cada cucharada de aceite que añada para evitar que se separe la mezcla.

5. Coloque de nuevo la mezcla de huevas ya batidas en el bol y añada poco a poco el aceite batiendo constantemente, como si estuviera preparando mahonesa. Bata la mezcla perfectamente entre cada cucharada de aceite que agregue utilizando un batidor o una cuchara de madera.

6. Deje la taramasalata en la nevera durante por lo menos 1/2 hora para que se enfríe por completo.

7. Cambie la mezcla a una fuente y adorne con las aceitunas negras y el perejil picado.

Notas del chef

Tiempo
La preparación requiere aproximadamente de 15 a 25 minutos, más el tiempo de refrigeración.

Sugerencia
Prepare la taramasalata con anticipación, pero saque del refrigerador 20 minutos antes de servirla.

Para servir
Acompáñela con trozos de pan pita caliente o con tiras de pan tostado.

Vitaminas
Contiene el complejo vitamínico B y vitamina C.

Atención
No añada el aceite muy rápido, porque la mezcla se puede separar. Si llegara a suceder esto, póngale un poco más de pan remojado para que se vuelva a unir.

PARA 4 PERSONAS

SOPA DE BERROS

Los berros son fuente excelente de vitaminas A, C y K, y además, sirven para preparar una sopa deliciosa.

60 g de mantequilla
1 puerro limpio cortado en rodajas delgadas
225 g de patatas peladas cortadas en rodajas finas
6 dl de caldo de pollo
Una pizca de nuez moscada rallada
Sal y pimienta negra recién molida
4 manojos de berros lavados y limpios
3 3/4 c/das de nata
Algunas ramitas de berros para adornar

1. Derrita la mantequilla en una cazuela grande y sofría ligeramente el puerro hasta que se ablande, remueva frecuentemente para evitar que se pegue.

2. Añada las patatas, el caldo, la nuez moscada y las especias. Deje que empiece a hervir, tape y cueza 15 minutos a fuego lento.

3. Agregue los berros y deje hervir 10 minutos más a fuego lento.

4. Deje enfriar un poco y póngalo en la batidora o en un procesador de alimentos hasta que las verduras estén finamente picadas. Lave la cazuela y coloque un tamiz de malla muy fina sobre ésta.

5. Pase la sopa por el tamiz presionando con la parte de atrás de una cuchara de madera para que sólo queden los tallos duros en el tamiz y la sopa que pase a la cazuela sea un puré fino.

6. Añádale la sal, la pimienta y la nata removiendo continuamente. Caliente de nuevo teniendo cuidado de que no llegue a hervir. Sirva y adorne con las ramitas de berros y un poco de nata si lo desea.

Paso 1 Sofría el puerro en la mantequilla derretida hasta que se ablande, remueva para evitar que se pegue.

Paso 4 Vierta la sopa en una batidora o procesador de alimentos y bata hasta que las verduras estén finamente picadas.

Paso 5 Pase la sopa por el tamiz presionando con la parte de atrás de una cuchara de madera, para que sólo queden los tallos duros en el tamiz y la sopa que pase a la cazuela sea un puré fino.

Notas del chef

Tiempo
La preparación requiere 15 minutos y tarda aproximadamente 45 minutos en cocerse.

Para servir
Para una deliciosa variación, enfríe la sopa y sirva sobre una capa de hielo triturado.

Vitaminas
Los berros son una fuente excelente de vitaminas A, C y K.

PARA 4 PERSONAS

GAZPACHO

El gazpacho, que es una sopa típicamente española, se sirve bien frío acompañado con verduras frescas.

450 g de tomates maduros
1 cebolla pelada y picada
1 pimiento verde sin semillas cortado en dados
1/2 pepino picado
2 1/2 c/das de miga de pan blanco duro
2 dientes de ajo picados
2 1/2 c/das de vinagre de vino tinto
6 dl de zumo de tomate
Sal y pimienta negra recién molida

Acompañamiento
1/2 pepino en cortado en dados
10 cebollitas tiernas picadas
225 g de tomates pelados sin semillas, picados
1 pimiento verde grande sin semillas, cortado en dados

1. Haga un corte en cruz en la parte superior de cada tomate y sumérjalos unos segundos en una cazuela con agua hirviendo.

2. Pele los tomates, retire los tallos y corte en trozos.

3. Coloque los tomates picados en una batidora o en un procesador de alimentos junto con la cebolla, el pimiento y el pepino. Bata hasta que queden finamente picados.

4. Coloque las verduras picadas en un tazón junto con la miga de pan, el ajo, el vinagre y el zumo de tomate. Remueva bien para que la mezcla quede uniforme y deje reposar 15 minutos.

5. Sazone la sopa de tomate y pase por un tamiz de malla fina utilizando la parte de atrás de una cuchara de madera para presionar las verduras y separar las semillas del puré.

6. Enfríe muy bien la sopa antes de servir y coloque las guarniciones en diferentes tazones.

Paso 2 Pele los tomates usando un cuchillo afilado.

Paso 5 Pase la sopa por un tamiz de malla fina, utilizando la parte de atrás de una cuchara de madera para presionar las verduras y separar las semillas del puré.

Notas del chef

Tiempo
La preparación requiere aproximadamente 20 minutos, más el tiempo que lleva enfriar el gazpacho.

Para servir
Coloque los tazones con sopa sobre hielo triturado.

Congelación
Es ideal para congelarla.

Vitaminas
Los tomates tienen un alto contenido en vitamina C y son una buena fuente de vitamina A.

PARA 4 A 6 PERSONAS

GNOCCHI DE ESPINACAS

Los gnocchi son pequeñas bolas de espinacas y queso que se sirven como canapés o entrada.

125 g de espinacas congeladas picadas
225 g de queso ricotta desmenuzado
90 g de queso parmesano finamente rallado
Sal y pimienta negra recién molida
Una pizca de nuez moscada recién molida
1 huevo batido ligeramente
45 g de mantequilla

1. Escurra las espinacas y comprímalas entre dos platos para extraer el exceso de agua.

Paso 1 Comprima las espinacas entre dos platos para extraer el exceso de agua.

2. Mezcle las espinacas con el queso ricotta, la mitad del parmesano, la sal, la pimienta y la nuez moscada. Mezcle poco a poco el huevo y bata bien hasta que la mezcla quede lo suficientemente dura para que conserve su forma.

3. Haga bolas ovaladas con las manos enharinadas. Use aproximadamente 1 cucharada de la mezcla para formar cada gnocchi.

4. Cueza en agua hirviendo a fuego lento 3 ó 4 a la vez hasta que floten en la superficie (aproximadamente 1 a 2 minutos).

5. Saque del agua con una espumadera y coloque en una fuente para hornear untada con mantequilla.

6. Cuando todos los gnocchi estén cocidos, espolvoree con el queso parmesano sobrante y póngales la mantequilla restante.

Paso 3 Con las manos enharinadas forme bolas ovaladas o redondas con la mezcla de gnocchi.

Paso 4 Cuando estén cocidos, los gnocchi flotarán en la superficie del agua. Después sáquelos con una espumadera.

7. Caliente de nuevo en el horno durante 10 minutos y, antes de servirlos, dórelos en el gril o asador.

Notas del chef

Tiempo
La preparación requiere 15 minutos; la cocción tarda aproximadamente 20 minutos.

Variante
Para una comida ligera, acompañe con salsa de tomate o queso y con una ensalada.

Contenido vitamínico
Las espinacas son una fuente muy buena de vitamina A y el queso aporta vitamina B.

PARA 4 A 6 PERSONAS

ENSALADA DE BERROS Y NARANJAS

Esta vistosa ensalada es ideal para acompañar carnes frías o pescado.

3 manojos de berros
4 naranjas
7 1/2 c/das de aceite de girasol
Zumo y corteza de 1 naranja
Una pizca de azúcar
1 1/4 c/ditas de zumo de limón
Sal y pimienta negra recién molida

1. Lave los berros y quíteles los tallos gruesos. Separe las ramitas de berros, descartando todas las hojas descoloridas.

2. Pele las naranjas con un cuchillo afilado y deje que el zumo escurra en un tazón.

3. Corte los gajos por las membranas finas que las naranjas tienen bajo la corteza. Deje que caiga el zumo en el tazón si durante el proceso escurre algo de éste.

4. Coloque los berros con los gajos de naranja en una fuente.

Paso 1 Separe las ramitas de berros y descarte las descoloridas.

5. Coloque el resto de los ingredientes en un bol junto con el zumo que juntó y mezcle bien.

6. Vierta el aderezo sobre las naranjas y los berros, justo antes de servir, para evitar que los berros se marchiten.

Paso 2 Pele las naranjas usando un cuchillo afilado y deje que el zumo escurra en un tazón.

Paso 3 Corte los gajos de naranja con mucho cuidado por la parte interior de la fina membrana que los separa. Use un cuchillo afilado.

Notas del chef

Tiempo
La preparación requiere aproximadamente 20 minutos.

Para servir
Coloque esta ensalada sobre zanahoria finamente rallada.

Variante
En lugar de naranjas utilice pomelos, y chicoria en lugar de berros.

Contenido vitamínico
Esta ensalada es muy rica en vitamina C, y servida con zanahorias también es una buena fuente de vitamina A.

PARA 4 PERSONAS

ENSALADA DE QUESO

El origen de esta ensalada de queso es indudablemente griego y es ideal como aperitivo, también puede servirla como una comida ligera, ya que es bastante sustanciosa.

1/2 endivia pequeña o lechuga fresca
1/2 lechuga redonda pequeña
1 pepino pequeño
4 tomates grandes
8 ó 10 aceitunas verdes o negras sin semilla y partidas por la mitad
1 cebolla roja mediana pelada y en rodajas
125 g de queso de cabra (feta)
6 c/das de aceite de oliva
2 1/2 c/das de vinagre de vino tinto
1 1/4 c/ditas de orégano fresco picado
3/4 c/dita de sal marina recién molida
1/2 c/dita de pimienta negra recién molida
3/4 c/dita de mostaza fuerte preparada

1. Lave muy bien las hojas de endivia y lechuga. Séquelas perfectamente y córtelas con las manos en trozos pequeños, del tamaño de un bocado.

2. Pele el pepino, si lo desea, y córtelo en rodajas finas.

3. Haga un corte en forma de cruz en la parte superior de cada tomate y remoje en agua hirviendo durante 30 segundos.

4. Pele con mucho cuidado los tomates ablandados y corte la pulpa transversalmente.

5. Coloque la endivia, la lechuga, el pepino, los tomates, las aceitunas y la cebolla en una ensaladera y revuelva mezclando bien todos los ingredientes.

Paso 1 Corte la lechuga y la endivia con la mano para evitar que se dañen y se pierdan las vitaminas de las hojas.

Paso 4 Corte los tomates pelados transversalmente con un cuchillo afilado.

6. Corte el queso de cabra en dados. Espárzalos sobre la ensalada.

7. Coloque los ingredientes restantes en un tazón pequeño y bata con un tenedor o con un batidor de huevos.

8. Vierta el aderezo sobre la ensalada y sirva inmediatamente.

Notas del chef

Tiempo
La preparación requiere de 10 a 12 minutos.

Para servir
Acompañe con patatas sin pelar o con pan de barra crujiente.

Variante
En lugar del queso de cabra utilice queso manchego u otro de sabor medio.

Contenido vitamínico
Las verduras con hojas, como la lechuga, son una fuente excelente de vitamina K. Los tomates y los pepinos son ricos en vitamina C y el queso es una buena fuente de vitaminas B y D.

PARA 6 PERSONAS

RIÑONES A LA DIJONNAISE

Este delicioso plato francés aprovecha muy bien los riñones ricos en vitaminas y poco utilizados normalmente en la cocina.

750 g de riñones de cordero
60 g de mantequilla sin sal
1 ó 2 escalonias finamente picadas
3 dl de vino blanco seco
90 g de mantequilla con poca sal ablandada
3 1/2 c/das de mostaza de Dijon
Sal, pimienta negra y zumo de limón al gusto
2 1/2 c/das de perejil picado

Paso 1 Retire la grasa de los riñones y córtelos por la mitad a lo largo.

Paso 2 Retire las partes duras del centro de cada riñón con tijeras pequeñas y afiladas.

Paso 8 Añada la mantequilla, la mostaza, la sal, la pimienta y el zumo de limón a la salsa, una vez que se haya consumido la mitad, y con un tenedor o con un batidor de huevos, bata hasta que espese.

1. Retire la grasa de los riñones y córtelos por la mitad a lo largo.

2. Retire con cuidado todas las partes duras del centro con unas tijeras afiladas.

3. Derrita la mantequilla sin sal en una cazuela y saltee los riñones, sin taparlos, hasta que se doren por todos lados.

4. Retire los riñones de la cazuela y consérvelos calientes.

5. Agregue las escalonias al jugo que soltaron los riñones en la cazuela y cocínelos 1 minuto, removiendo con frecuencia hasta que empiecen a ablandarse.

6. Añada el vino y deje que rompa a hervir, remueva constantemente raspando el fondo de la cazuela para desprender lo que se haya pegado.

7. Hierva la salsa a fuego alto de 3 a 4 minutos hasta que se consuma la mitad. Retire la cazuela del fuego.

8. Ponga la mantequilla con poca sal en la cazuela junto con la mostaza y las especias. Bata hasta que se incorpore bien con la salsa concentrada utilizando un tenedor o un batidor de huevos.

9. Coloque de nuevo la cazuela en el fuego y agregue los riñones y el perejil. Caliente a fuego lento de 1 a 2 minutos, teniendo cuidado de que no hierva. Sirva inmediatamente.

Notas del chef

Tiempo
La preparación requiere aproximadamente 25 minutos; la cocción tarda de 15 a 17 minutos.

Atención
No cueza demasiado los riñones, ya que se endurecen.

Contenido vitamínico
Los riñones son una fuente excelente de vitaminas A, B y D.

PARA 6 PERSONAS

LOMO DE CERDO A LA PROVENZAL

Esta sustanciosa cazuela de cerdo magro cubierta de patatas es apropiada para la comida diaria y también para una cena festiva.

1 kg de filetes de cerdo
60 g de mantequilla
350 g de cebollas peladas cortadas en rodajas finas
425 g de tomates en conserva
Sal y pimienta negra recién molida
1/2 c/dita de mezcla de hierbas aromáticas
750 g de patatas peladas cortadas en rodajas finas
1 c/da de perejil picado para adornar

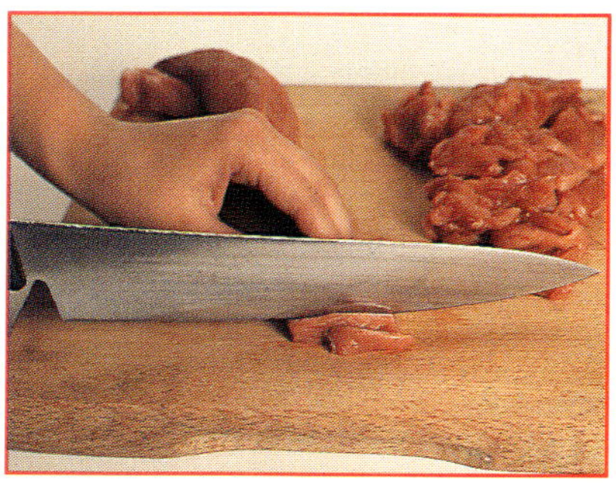

Paso 1 Corte la carne de cerdo en tiras delgadas con un cuchillo afilado.

Paso 4 Sofría las cebollas en el jugo de la carne hasta que se ablanden.

1. Retire la grasa excesiva de los filetes de cerdo y corte la carne en tiras finas.

2. Derrita la mitad de la mantequilla en una cazuela grande y fría ligeramente las tiras de carne removiendo continuamente para evitar que se quemen.

3. Cambie la carne a un plato y déjela aparte.

4. Sofría las cebollas en el jugo de la carne en la misma cazuela hasta que se ablanden.

5. Ponga los tomates en la cazuela junto con la sal, la pimienta y la mezcla de hierbas. Deje que empiece a hervir y cocine a fuego lento 5 minutos o hasta que se consuma un tercio de la salsa.

6. Disponga tandas de carne, de salsa y de patatas en una fuente para hornear, terminando con una de patatas.

7. Derrita el resto de la mantequilla y pincele con una brocha la última tanda de patatas.

8. Tape con papel de aluminio o con una tapa y hornee 1 1/2 horas a 175 °C.

9. Destape y hornee 30 minutos más hasta que se doren las patatas. Antes de servir, espolvoréeles perejil picado.

Paso 6 Disponga tandas de carne, de salsa y de patatas en una fuente para hornear.

Notas del chef

Tiempo
La preparación requiere 25 minutos y tarda aproximadamente 2 horas en el horno.

Congelación
Este plato se puede congelar hasta por 3 meses. Congele faltando 30 minutos para que esté hecho; cuando lo descongele, caliente de nuevo y hornee 1 hora sin tapar a 175 °C .

Contenido vitamínico
Las verduras son una buena fuente de vitamina C y los tomates contienen vitamina A.

PARA 4 PERSONAS

ARROZ CON LENTEJAS KEDGEREE

Esta deliciosa receta combina arroz condimentado con lentejas y cebolla para obtener un apetitoso almuerzo vegetariano o un plato para la cena.

225 g de arroz de grano largo
225 g de lentejas
7,5 dl de agua tibia
125 g de mantequilla o de aceite de oliva
1 cebolla mediana pelada y picada
1/2 c/dita de jengibre fresco triturado
1/2 c/dita de ajo picado
1 rama de canela de 2,5 cm
6 clavos
1 hoja de laurel
1 1/2 c/ditas de cilantro en polvo
1/2 c/dita de jengibre en polvo
1/2 c/dita de sal marina recién molida
2 guindillas verdes cortadas por la mitad a lo largo

1. Lave perfectamente el arroz y las lentejas con agua fría. Escurra bien.

2. Ponga las lentejas y el arroz perfectamente escurridos en un tazón grande y remoje en agua tibia 30 minutos, escurra y reserve el agua para su uso posterior.

3. Caliente la mantequilla o el aceite de oliva en una cazuela grande. Añada la cebolla y sofría de 2 a 3 minutos removiendo constantemente para evitar que se queme.

4. Agregue el jengibre triturado, el ajo, la rama de canela, los clavos y la hoja de laurel y continúe sofriendo 1 minuto más.

5. Agregue el arroz y las lentejas a la cebolla frita junto con el cilantro, el jengibre en polvo, la sal y las guindillas. Remueva bien sobre el fuego durante 2 ó 3 minutos, hasta que el arroz y las lentejas estén bien cubiertos con la grasa.

Paso 5 Saltee juntos el arroz y las lentejas removiendo constantemente para que queden bien cubiertos de grasa.

Paso 6 Cueza el arroz y las lentejas hasta que todo el líquido se consuma; antes de servir, esponje la mezcla con un tenedor.

6. Vierta el agua que había reservado sobre la mezcla de arroz y deje que rompa a hervir. Reduzca el fuego y tape bien la cazuela. Hierva a fuego lento de 8 a 10 minutos sin remover o hasta que se consuma por completo el líquido.

7. Remueva las lentejas y el arroz, saque las guindillas y deséchelas. Sirva de inmediato.

Notas del chef

Tiempo
La preparación requiere 15 minutos, más el tiempo que lleva remojar el arroz y las lentejas. La cocción tarda aproximadamente 30 minutos.

Atención
Tenga mucho cuidado cuando utilice guindillas frescas; si le salpica zumo en los ojos o la boca, lávese con abundante agua fría.

Contenido vitamínico
Tanto las lentejas como el arroz son fuente excelente de vitamina B.

PARA 4 PERSONAS

LENTEJAS Y VERDURAS AL CURRY

Las lentejas son un ingrediente básico de la cocina india. Estas deliciosas verduras al curry deben prepararse con especias frescas para obtener un mejor sabor.

225 g de lentejas verdes
2 1/2 c/das de aceite de girasol
3/4 c/dita de semillas de mostaza trituradas
1 1/2 c/ditas de sal
1 c/dita de cilantro en polvo
3/4 c/dita de comino en polvo
2 guindillas rojas secas trituradas
1 zanahoria pelada y cortada en rodajas diagonales
1 patata pelada y cortada en dados
6 u 8 "gombos" (*) sin los extremos y cortados en trozos de 2,5 cm
1 calabacín pequeño cortado en rodajas diagonales
1 berenjena pequeña cortada por la mitad y en rodajas diagonales
4 dl de agua
6 hojas de curry
1 guindilla verde picada
1 1/2 c/ditas de menta fresca picada
1 1/4 c/das de cilantro fresco picado
Hojas de cilantro para adornar

1. Lave las lentejas con agua caliente hasta que salga limpia. Escurra bien.

2. Ponga las lentejas en una cazuela grande con 6 dl de agua. Hierva a fuego lento hasta que se ablanden.

3. Cuando estén cocidas, páselas por un pasapurés.

4. Caliente el aceite en una cazuela grande y sofría 1 minuto las semillas de mostaza, la sal, el cilantro en polvo, el comino y las guindillas secas.

5. Agregue las verduras a las especias y sofríalas 2 minutos, removiendo continuamente hasta que se cubran perfectamente con la mezcla de aceite y especias.

6. Añada el agua y el puré de lentejas a la mezcla de verduras y remueva bien.

7. Agregue las hojas de curry, la guindilla picada, la menta y el cilantro fresco, después cocine durante 15 minutos. Sirva caliente y adorne con hojas de cilantro.

(*) El "gombo" es una planta tropical llamada también okra, rica en calcio, en fósforo, en hierro y en vitamina C. El "gombo" puede encontrarse fresco o en conserva en tiendas de productos exóticos.

Paso 3 Pase las lentejas por un pasapuré.

Paso 6 Añada el agua y el puré de lentejas a la mezcla de verduras y remueva bien.

Notas del chef

Tiempo
La preparación requiere aproximadamente 10 minutos; la cocción tarda de 20 a 30 minutos.

Variante
Para cambiar este curry puede utilizar cualquier combinación de verduras frescas.

Para servir
Acompañe con arroz de grano largo cocido.

Contenido vitamínico
Las lentejas son una fuente excelente de vitamina B y las verduras frescas aportan vitaminas A y C.

PARA 4 PERSONAS

TERNERA CON PIÑA Y PIMIENTOS

El origen de este plato agridulce es indudablemente chino.

450 g de filete de ternera magra
1 piña pequeña
1 pimiento verde
1 pimiento rojo
1 1/4 c/das de aceite de cacahuate
1 cebolla pelada y picada en trozos grandes
2 dientes de ajo picados
1 raíz de jengibre fresca de 2,5 cm pelada y cortada en rodajas finas
1 1/2 c/ditas de aceite de sésamo
2 1/2 c/das de salsa de soja clara
1/4 c/das de salsa de soja oscura
1 1/2 c/ditas de azúcar
1 1/4 c/das de salsa oscura
5 c/das de agua
Sal y pimienta negra recién molida

1. Corte el filete en tiras finas con un cuchillo afilado.

2. Pele la piña y quítele todos los ojos con un cuchillo afilado o con un pelador de patatas. Corte la piña en rodajas y parta en trozos del tamaño de un bocado, quitándoles el corazón.

3. Corte los pimientos por la mitad y sáqueles el centro y las semillas. Corte los pimientos en tiras delgadas.

4. Caliente el aceite de cacahuate en una cazuela grande y sofría la cebolla, el ajo y el jengibre removiendo continuamente hasta que la cebolla se ablande ligeramente.

5. Añada las tiras de ternera y de pimiento, sofría 3 minutos removiendo continuamente.

6. Agregue la piña y sofría 2 minutos más, removiendo frecuentemente.

7. Saque la carne, las verduras y la fruta de la cazuela, póngalas en una fuente y déjelas aparte.

8. Ponga el aceite de sésamo en la cazuela junto con el jugo que soltó la carne con la fruta y las verduras y añada las salsas de soja, el azúcar, la salsa oscura y el agua. Hierva a fuego alto 30 segundos hasta que se reduzca y espese.

9. Vuelva a poner la carne, la fruta y las verduras con la salsa. Sazone, caliente y sirva inmediatamente.

Paso 1 Corte la carne en tiras delgadas con un cuchillo afilado.

Paso 5 Sofría la carne y los pimientos junto con la cebolla en la cazuela removiendo bien.

Notas del chef

Tiempo
La preparación requiere 30 minutos y la cocción tarda aproximadamente 10 minutos.

Para servir
Acompañe con arroz cocido o con panecillos frescos.

Atención
Tenga cuidado de no cocer demasiado la carne y las verduras, ya que si lo hace pierden gran parte de su contenido vitamínico.

Contenido vitamínico
El filete es una fuente excelente de vitamina B y las verduras y frutas son ricas en vitamina C.

PARA 4 PERSONAS

RIÑONES CON PANCETA

Saltear los riñones es una excelente manera de cocinarlos, ya que la cocción es rápida y se evita su endurecimiento.

450 g de riñones de cordero
3 3/4 c/das de jerez
2 1/2 c/das de aceite de girasol
8 lonchas de panceta magra en tiras de 2,5 cm
1 cebolla pelada y picada
3 dientes de ajo picados
1 1/4 c/das de chutney de tomate
1 1/4 c/das de salsa de soja clara
2 1/2 c/das de agua
Sal y pimienta negra recién molida
1 1/4 c/das de harina fina de maíz
2 c/das de perejil fresco picado

1. Limpie los riñones y quíteles la grasa; corte cada riñón por la mitad con un cuchillo afilado.

2. Retire a cada riñón la parte central dura con mucho cuidado, utilizando un cuchillo afilado o unas tijeras.

3. Haga cortes en la parte posterior de cada riñón a modo de cuadrícula con un cuchillo afilado teniendo cuidado de no partirlos.

4. Coloque los riñones en un tazón y añádales el jerez. Deje macerar durante 15 minutos.

5. Caliente el aceite en una cazuela grande y sofría la panceta, la cebolla y el ajo durante 5 minutos, removiendo continuamente para evitar que se quemen, sáquelos de la cazuela y reserve en una fuente.

6. Escurra los riñones y guarde el jugo. Coloque los riñones en la cazuela y sofría 3 minutos.

7. Agregue a los riñones el chutney de tomate, la salsa de soja y el agua; añada la panceta y la cebolla. Sazone con sal y pimienta y saltee 5 minutos.

8. Mezcle la harina fina de maíz con el jugo que soltaron los riñones.

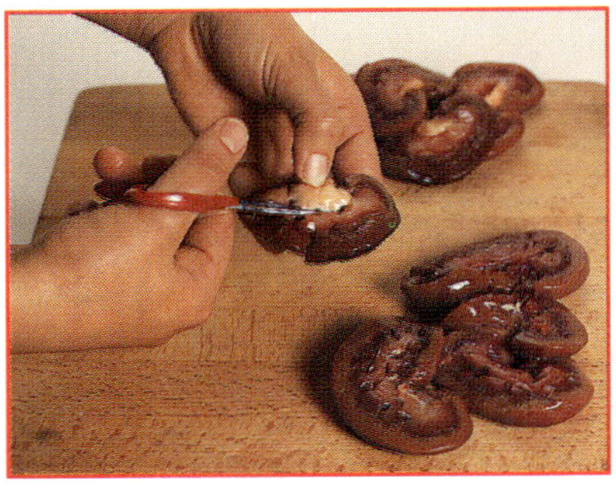

Paso 2 Retire a cada riñón la parte central dura, con un cuchillo afilado o con unas tijeras pequeñas.

Paso 3 Haga cortes a modo de cuadrícula en la parte posterior de cada riñón con un cuchillo afilado y tenga cuidado de no partirlos.

Paso 6 Saltee los riñones hasta que se doren por completo.

9. Agregue 1 cucharada de perejil a la mezcla de harina de maíz. Viértala sobre los riñones en la cazuela removiendo hasta que la salsa esté uniforme y espesa. Sirva inmediatamente y espolvoree un poco más de perejil.

Notas del chef

Tiempo
La preparación requiere 20 minutos y tarda 25 minutos en cocerse.

Para servir
Acompañe con arroz o puré de patatas.

Contenido vitamínico
En general, todas las asaduras son fuente excelente de vitaminas A, B y D.

PARA 4 PERSONAS

BROCHETAS DE PESCADO Y PIMIENTO

El pescado ideal para preparar brochetas debe ser de carne firme, para cortarlo con facilidad y que no se deshaga durante la cocción.

8 lonchas de panceta magra
450 g de rape u otro pescado de carne firme, sin piel y cortado en trozos de 2,5 cm
1 pimiento verde pequeño sin semillas, cortado en trozos de 2,5 cm
1 pimiento rojo pequeño sin semillas, cortado en trozos de 2,5 cm
12 cabezas pequeñas de champiñones
8 hojas de laurel
3 3/4 c/das de aceite de girasol
1 dl de vino blanco seco
1/2 dl de vinagre de estragón
2 escalonias finamente picadas
1 1/4 c/das de estragón fresco picado
1 1/4 c/das de perifollo o perejil picado
1 taza de mantequilla blanda
Sal y pimienta negra recién molida

1. Corte las lonchas de panceta por la mitad a lo largo y corte de nuevo por la mitad a lo ancho.

2. Coloque un trozo de pescado sobre cada tira de panceta y enrolle.

3. Ensarte los rollos de pescado y panceta en pinchos grandes, alternando con pimiento, champiñones y hojas de laurel.

4. Unte las brochetas con aceite y póngalas en una fuente para hornear.

5. Caliente previamente el horno a temperatura alta y ase las brochetas de 10 a 15 minutos, dándoles la vuelta con frecuencia para evitar que se quemen.

Paso 2 Envuelva cada trozo de pescado con una tira de panceta.

Paso 8 Añada la mantequilla poco a poco al vino hirviendo y bata vigorosamente hasta que espese la salsa.

6. Caliente el vino blanco, el vinagre y las escalonias en una cazuela pequeña hasta que empiece a hervir. Deje a fuego alto para que se consuma la mitad.

7. Agregue las hierbas y baje el fuego.

8. Agregue la mantequilla por trozos al vino y bata rápidamente hasta que la salsa empiece a espesar. Sazone al gusto.

9. Coloque las brochetas en una fuente y báñelas con un poco de salsa. Vierta el resto de la salsa en una salsera.

Notas del chef

Tiempo
La preparación requiere 30 minutos y la cocción tarda aproximadamente 25 minutos.

Preparación
Al preparar la salsa es importante que bata vigorosamente, de lo contrario no espesará lo suficiente.

Contenido vitamínico
El pescado es fuente excelente de vitaminas A y D. La panceta aporta vitamina B y los pimientos son ricos en vitamina C.

PARA 4 PERSONAS

PEZ ESPADA CON ALIOLI Y PIMIENTA VERDE

El pez espada es delicioso y se consigue con facilidad en la mayor parte de las pescaderías.

2 1/2 c/das de pimienta verde entera
7 1/2 c/das de zumo de limón
5 c/das de aceite de oliva
Sal marina recién molida
4 rodajas de pez espada
1 huevo
1 diente de ajo picado grueso
2/3 taza de aceite
3 1/2 c/ditas de orégano fresco
Sal y pimienta negra recién molida

1. Pase la pimienta verde por un mortero.

2. Mezcle el zumo de limón, el aceite de oliva y la sal con la pimienta verde pasada por el mortero.

3. Disponga las rodajas de pescado en esta marinada. Deje reposar en la nevera durante toda la noche y déle la vuelta ocasionalmente hasta que el pescado pierda el brillo.

4. Bata el huevo con el ajo en la batidora o procesador de alimentos.

5. Sin apagar el aparato, vierta el aceite a través de un embudo dejando caer un goteo continuo a la mezcla de huevo y ajo. Siga batiendo hasta que la salsa espese.

6. Retire las hojas de orégano y píquelas finamente.

7. Caliente previamente el horno a temperatura alta y coloque el pescado en una fuente para hornear.

8. Esparza el orégano picado sobre las rodajas de pescado y sazone bien. Ase durante 15 minutos dándole vuelta al pescado frecuentemente y regándolo con la vinagreta de limón y pimienta.

9. Cuando las rodajas estén asadas, colóquelas en una fuente para servir y riéguelas con la mahonesa de alioli.

Paso 1 Pase la pimienta verde entera por un mortero.

Paso 3 Deje marinar las rodajas de pescado toda la noche; deben amanecer opacas.

Notas del chef

Tiempo
La preparación requiere 25 minutos más la noche que tardan en marinarse; se asan en 15 minutos.

Variante
Si no consigue pimienta verde entera, sustitúyala con 2 1/2 cucharadas de pimienta verde entera en vinagreta, bien enjuagada. Si lo prefiere, use rodajas de atún u otro pescado de su preferencia.

Para servir
Acompañe con patatas al horno y una ensalada fresca.

Contenido vitamínico
El pescado contiene vitaminas B y D.

PARA 4 PERSONAS

SALMONETE AL ESTRAGÓN

El salmonete es un pescado muy vistoso que se consigue con facilidad en pescaderías y supermercados.

4 salmonetes grandes u 8 pequeños limpios, sin escamas, lavados y secos
4 u 8 ramitas de estragón fresco
5 c/das de aceite de girasol
2 1/2 c/das de vinagre de estragón
Sal y pimienta negra recién molida
1 huevo
1 1/2 c/ditas de mostaza de Dijon
1 dl de aceite de girasol
1 1/4 c/das de vinagre de vino
1 1/2 c/ditas de brandy
1 1/4 c/das de estragón fresco picado
1 1/4 c/das de perejil fresco picado
1 1/4 c/das de nata espesa

1. Frote vigorosamente el interior de cada pescado con una cucharadita de sal para quitarle las membranas descoloridas del interior. Enjuague perfectamente.

2. Coloque una ramita de estragón fresco dentro de cada pescado.

3. Haga 2 cortes diagonales en los costados de cada uno con un cuchillo afilado.

4. Mezcle el aceite de girasol, el vinagre de estragón, un poco de sal y de pimienta en un bol pequeño.

5. Coloque los pescados en una fuente honda y vierta encima la mezcla de aceite y de vinagre de estragón; unte con una brocha parte de la mezcla en los cortes que hizo en los costados de los pescados. Deje reposar en la nevera durante 30 minutos.

6. Bata el huevo, la mostaza y un poco de sal y de pimienta en la batidora o en el procesador de alimentos de 2 a 3 segundos, hasta que se mezclen.

7. Con el aparato todavía trabajando, añada el aceite usando un embudo, de modo que caiga un goteo continuo. Bata el aderezo hasta que espese y quede cremoso.

8. Añada el vinagre, el brandy y las hierbas y bata 30 segundos más para que los ingredientes se mezclen bien.

9. Monte la nata con un batidor de huevos hasta que espese.

10. Agregue la nata al aderezo de aceite y de vinagre en forma envolvente. Vacíe en un tazón y deje en la nevera hasta que lo vaya a utilizar.

11. Caliente previamente el gril o asador del horno, coloque los pescados en una fuente y áselos de 5 a 8 minutos por cada lado, dependiendo del tamaño. Riéguelos frecuentemente con la salsa mientras se asan. Sirva con un poco de la salsa y algunas hojitas de estragón fresco, si lo desea.

Paso 1 Frote vigorosamente el interior de cada pescado con una cucharadita de sal, para desprender las membranas descoloridas que tenga adheridas.

Paso 3 Haga 2 cortes diagonales en los costados de cada pescado con un cuchillo afilado, teniendo cuidado de no atravesar por completo la carne.

Notas del chef

Tiempo
La preparación requiere aproximadamente 15 minutos y tarda de 10 a 16 minutos en asarse.

Variante
Utilice arenques o caballas en lugar de salmonetes.

Contenido vitamínico
En general, todos los pescados son una fuente excelente de vitaminas A y D.

PARA 4 PERSONAS

PATO A LA NARANJA

Esta combinación tradicional adquiere mayor sabor si cocina el pato al estilo de la tradición oriental.

3 naranjas
1 pato
15 g de mantequilla
1 1/4 c/das de aceite
3 dl de caldo de pollo
1 dl de vino tinto
2 1/2 c/das de mermelada de grosella
Sal y pimienta negra recién molida
1 1/2 c/ditas de harina fina de maíz
1 1/4 c/das de agua fría

1. Use un pelador de patatas para quitarle cuidadosamente la corteza a 2 naranjas.

Paso 2 Corte la corteza de naranja en tiras muy delgadas con un cuchillo afilado.

2. Corte la corteza de naranja en tiras muy finas con un cuchillo muy afilado. Póngalas en un tazón pequeño y cúbralas con agua hirviendo. Deje en remojo durante 5 minutos y escúrralas.

3. Exprima el zumo de las 2 naranjas. Reserve.

4. Pele y retire las semillas de la naranja restante y corte en rodajas finas. Reserve.

5. Lave el pato y séquelo perfectamente con toallas de papel.

6. Caliente la mantequilla y el aceite en una cazuela grande. Dore el pato entero por todos los lados dándole vueltas continuamente.

7. Saque el pato de la cazuela y deje enfriar un poco. Con unas tijeras para pollo o con un cuchillo, corte los muslos y la punta de las alas. Corte el pato por la mitad a lo largo y después corte cada mitad en tiras de 2,5 cm.

8. Retire la grasa de la cazuela y ponga el pato; añada el caldo, el vino tinto, la mermelada de grosella, el zumo de naranja y las tiras de corteza de naranja bien escurridas. Ponga al fuego y deje que empiece a hervir, después sazone al gusto. Baje el fuego, tape la cazuela y deje hervir a fuego lento 20 minutos o hasta que esté bien guisado.

Paso 7 Corte cada mitad de pato en tiras de 2,5 cm con unas tijeras para pollo o con un cuchillo afilado.

9. Retire la grasa del caldo donde se coció el pato y espese la salsa mezclando la harina fina de maíz con el agua y añadiéndola a la cazuela. Vuelva a dejar que la mezcla empiece a hervir y deje cocer durante 5 minutos más a fuego lento o hasta que la salsa espese.

10. Pase la carne a una fuente. Adorne con las rodajas de naranja y con berros.

Notas del chef

Tiempo
La preparación requiere 30 minutos y tarda 35 minutos en cocerse.

Para servir
Sirva con arroz cocido o patatas salteadas.

Contenido vitamínico
El pato es una buena fuente de vitamina B y las naranjas son fuente excelente de vitamina C.

PARA 4 A 6 PERSONAS

HÍGADO ENCEBOLLADO

Este plato es absolutamente delicioso, muy nutritivo y sencillo de preparar.

450 g de cebollas
450 g de hígado de cordero en filetes finos
Sal y pimienta negra recién molida
45 g de harina
3 3/4 c/das de aceite de girasol
30 g de mantequilla
2 1/2 c/das de perejil fresco picado

1. Pele las cebollas y córtelas en rodajas enteras.

Paso 1 Corte con un cuchillo afilado las cebollas peladas dejando las ruedas enteras.

2. Retire las venas al hígado con unas tijeras pequeñas o con un cuchillo afilado.

3. Mezcle las especias y la harina en una fuente, extienda los filetes de hígado sobre la mezcla, presionando ligeramente para que se enharinen uniformemente por ambos lados.

4. Ponga el aceite y la mantequilla en una cazuela grande. Caliente a fuego lento hasta que haga espuma.

Paso 2 Retire las venas a los filetes de hígado con unas tijeras pequeñas o con un cuchillo afilado.

Paso 3 Cubra uniformemente cada rebanada de hígado con la mezcla de harina con especias, presionando ligeramente.

5. Ponga los anillos de cebolla en la cazuela y sofríalos hasta que se doren.

6. Agregue los filetes de hígado y fría de 3 a 5 minutos por cada lado hasta que queden bien hechos. El tiempo de cocción depende del grosor de cada filete.

7. Añada el perejil y sirva inmediatamente en platos calientes.

Notas del chef

Tiempo
La preparación requiere 15 minutos y la cocción tarda aproximadamente 10 minutos.

Variante
Cuando ponga las cebollas, añada 125 g de panceta cortada en trocitos.

Para servir
Acompañe con puré de patatas y verduras.

Atención
No fría en exceso el hígado u otras asaduras, ya que se endurecen.

Congelación
El hígado congela bien, pero se debe congelar crudo.

Contenido vitamínico
Las cebollas son buena fuente de vitamina C. El hígado es excelente fuente de vitaminas A, B y D.

PARA 4 PERSONAS

ARROZ CON LECHE

El arroz con leche siempre ha sido uno de las recetas favoritas de la familia y esta receta en particular le agrega especias lo que lo convierte en un postre adecuado incluso para una cena de fiesta.

60 g de mantequilla sin sal
1 hoja de laurel triturada
1 rama de canela de 2,5 cm triturada
175 g de arroz redondo lavado y escurrido
1,2 litros de leche
175 g de azúcar
4 dl de leche evaporada
60 g de almendras peladas y picadas
Semillas de 8 cardamomos pequeños triturados
30 g de pistachos picados o cortados a lo largo

1. Derrita la mantequilla en una cazuela y sofría 1 minuto la hoja de laurel con la canela.

2. Agregue el arroz y remueva bien para que se cubra bien con la grasa.

3. Añada la leche y deje que rompa a hervir; baje la temperatura y hierva a fuego lento de 40 a 50 minutos, removiendo continuamente para evitar que el arroz se pegue a la cazuela.

4. Añada el azúcar y la leche evaporada a la mezcla de arroz, cueza de 20 a 30 minutos más y remueva de vez en cuando para evitar que el arroz se queme.

Paso 2 Mezcle el arroz con la hoja de laurel y la canela sofritas, removiendo para que cada grano se cubra bien con la grasa sazonada.

5. Es muy importante remover la mezcla mientras se está cociendo para despegar del fondo de la cazuela las capas doradas que se forman. Esto es lo que le da al arroz su rico sabor acaramelado y su tinte rojizo.

6. Agregue al arroz las almendras picadas y las semillas de cardamomo trituradas. Remueva bien y vierta en una fuente grande.

7. Decore con los pistachos y sirva frío o caliente.

Paso 5 Remueva el arroz con frecuencia para despegar del fondo de la cazuela las capas doradas que se forman mientras éste se cuece.

Paso 7 Antes de servir, adorne el arroz con los pistachos.

Notas del chef

Tiempo
La preparación requiere 10 minutos y la cocción tarda 1 1/2 horas.

Atención
Remover continuamente la mezcla es de suma importancia en esta receta, ya que se evita que el azúcar se acaramele demasiado y le dé un sabor amargo al postre.

Contenido vitamínico
El arroz contiene vitaminas del complejo B y la leche (normal o evaporada) contiene vitaminas A y D.

PARA 4 A 6 PERSONAS

BUDÍN VERANIEGO

Este postre, favorito en el verano, rebosa sabor y vitaminas.

750 g de frutas frescas como frambuesas, fresas, ruibarbo, grosellas rojas o negras, o cualquier combinación de estas frutas
175 g de azúcar
10 rodajas gruesas de pan blanco sin corteza
4 dl de nata fresca
450 g de frambuesas enteras y frescas

1. Ponga los 750 g de frutas en una cazuela grande y añádales el azúcar.

2. Caliente a fuego lento y agite vigorosamente la cazuela para que el azúcar se disuelva pero la fruta quede lo más entera posible. Retire del fuego y deje que enfríe por completo.

3. Corte las rodajas de pan en tiras gruesas y forre con ellas los lados y el fondo de un bol mediano. Presione las tiras de pan para unirlas lo mejor posible a fin de evitar que queden espacios abiertos.

4. Vierta la fruta ya fría en el centro del budín y tape completamente con el pan restante. Presione ligeramente.

5. Coloque un plato pequeño sobre el budín y presione con latas de alimentos o con pesas pequeñas.

6. Enfríe el budín en la nevera durante toda la noche.

7. Retire las pesas y el plato. Despegue los lados del budín con mucho cuidado usando una espátula y déle la vuelta con una fuente puesta sobre la boca del bol.

8. Gire la fuente y el bol con mucho cuidado y sacuda suavemente. El budín debe caer en la fuente.

9. Monte la nata hasta que espese y extienda la mitad de ésta sobre el budín.

10. Presione las frambuesas frescas en la nata sobre todo el budín y adorne los huecos con la nata restante formando rosetones con una manga pastelera.

11. Enfríe bien antes de servir.

Paso 2 Agite vigorosamente la fruta con el azúcar, dejando la mezcla a fuego lento hasta que el azúcar se disuelva pero la fruta quede lo más entera posible.

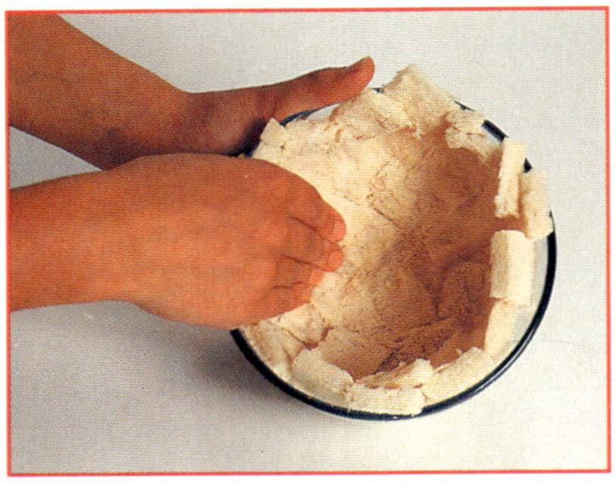

Paso 3 Forre los lados y el fondo de un bol con las rodajas de pan presionándolas para evitar que queden espacios abiertos.

Paso 10 Para cubrir el budín, presione las frambuesas enteras en la capa de nata.

Notas del chef

Tiempo
La preparación requiere aproximadamente 30 minutos más la refrigeración, que lleva toda la noche.

Congelación
Este budín se congela muy bien, pero se debe decorar con la nata y la fruta después de descongelado.

Contenido vitamínico
El pan contiene vitamina B, la fruta vitamina C y la nata vitamina D.

PARA 4 A 6 PERSONAS

CARROTELLA

El sabor natural dulce de la zanahoria se presta para preparar tanto platos dulces como salados. Este dulce de zanahoria es un postre con especias que se sirve muy frío.

1,2 litros de leche
450 g de zanahorias peladas y ralladas finamente
2 dl de leche evaporada
125 g de azúcar
60 g de pasas claras
Semillas de 8 cardamomos trituradas
2 gotas de esencia de vainilla
30 g de pistachos picados
30 g de almendras blanqueadas y picadas

---

1. Vierta la leche en una cazuela; hierva a fuego muy lento hasta que se reduzca a 8,5 dl.

2. Añada las zanahorias. Tape y cueza a fuego medio aproximadamente 15 minutos o hasta que empiecen a ablandarse.

3. Agregue la leche evaporada, el azúcar y las pasas, tape de nuevo y hierva a fuego lento 5 minutos más.

4. Retire la cazuela del fuego y agregue las semillas de cardamomo trituradas y la esencia de vainilla.

5. Bata vigorosamente el dulce de zanahoria para deshacer las zanahorias, vierta en una fuente y enfríe.

6. Esparza los pistachos y almendras en la superficie y deje en la nevera hasta que enfríe antes de servir.

Paso 2 Cueza las zanahorias 15 minutos a fuego medio o hasta que se ablanden y se partan con facilidad.

Paso 6 Esparza los pistachos y las almendras picadas sobre el dulce de zanahoria cuando todavía esté tibio.

Notas del chef

Tiempo
La preparación requiere 15 minutos; la cocción tarda 40 minutos, más el tiempo de refrigeración.

Para servir
Adorne con una cucharadita de nata batida.

Variante
Sustituya el extracto de vainilla por agua de rosas y los pistachos por avellanas finamente picadas.

Contenido vitamínico
Los dos tipos de leche contienen vitaminas D y E; las zanahorias son una fuente excelente de vitaminas A y C.

PARA 4 A 6 PERSONAS

CAZUELA DE PAN CON FRUTAS

Si utiliza pan integral y frutas secas surtidas, este budín tradicional resultará un plato muy nutritivo.

125 g de pasas
125 g de pasas de Corinto
125 g de pasas claras
125 g de ciruelas pasas sin huesos y picadas
Corteza rallada de 1 naranja y su zumo
8 rodajas gruesas de pan integral sin corteza
60 g de mantequilla blanda
125 g de azúcar moreno
3 dl de leche entera
2 huevos ligeramente batidos
1/2 c/dita de nuez moscada en polvo
1/2 c/dita de canela en polvo

1. Mezcle perfectamente toda la fruta seca con la ralladura y el zumo de naranja en un bol grande.

2. Vierta la mitad de esta mezcla en el fondo de una fuente para hornear ligeramente untada de mantequilla.

3. Unte el pan con la mantequilla y córtelo en cuadrados pequeños.

4. Coloque la mitad del pan cortado en cuadrados sobre la fruta en el fondo de la fuente.

Paso 3 Corte el pan untado con mantequilla en cuadrados de aproximadamente 5 cm.

5. Espolvoree con la mitad del azúcar y repita las capas, terminando con una capa de azúcar.

6. Bata la leche junto con los huevos, la nuez moscada y la canela. Vierta la mezcla sobre el budín de pan y deje reposar 1 hora.

7. Caliente previamente el horno a 190 °C y hornee el budín de 35 a 40 minutos o hasta que la superficie esté crujiente, pero la parte de abajo esté blanda. Sirva muy caliente.

Paso 5 Coloque capas de fruta, de pan y de azúcar en una fuente para hornear.

Paso 6 Vierta la mezcla de huevo con leche sobre el pan y la fruta, teniendo cuidado de no separar los cuadrados de pan.

Notas del chef

Tiempo
La preparación requiere 15 minutos, más 1 hora que se deja remojando. Tarda 40 minutos en hornearse.

Congelación
Este budín se congela bien, pero debe calentarse 20 minutos en el horno a 190 °C antes de servirlo. Tape con una hoja de papel de aluminio para evitar que se queme o se tueste demasiado.

Contenido vitamínico
La fruta seca es una excelente fuente de vitamina C, mientras que la leche y los huevos aportan buena cantidad de vitaminas A, B, D y E. El pan de trigo integral es una fuente excelente de vitaminas B y E.

PARA 4 PERSONAS

NARANJAS ACARAMELADAS

La preparación de este delicioso postre es muy sencilla y las naranjas son ricas en vitaminas A y C.

4 naranjas grandes
3,5 dl de agua
300 g de azúcar granulada
1/2 dl agua hirviendo
2 1/2 c/das de cointreau

1. Pele con mucho cuidado las naranjas, quitándoles solamente la corteza con un pelador de patatas o un cuchillo muy afilado. Corte esta corteza en tiras muy finas, quitándoles los restos de la parte blanca.

2. Coloque las tiras de corteza en un bol y cubra con agua hirviendo. Deje reposar durante 20 minutos y escurra.

3. Con un cuchillo de sierra, quítele la parte blanca a las naranjas. Córtelas horizontalmente en rodajas de 5 mm de grueso aproximadamente. Guarde el zumo que escurra en una jarra.

4. Vierta el zumo de naranja, 3,5 dl de agua y el azúcar en una cazuela pequeña, y caliente a fuego lento hasta que el azúcar se disuelva.

5. Aumente la temperatura y deje que el almíbar empiece a hervir; deje a fuego alto hasta que tome un color dorado pálido.

6. Retire el caramelo del fuego y añádale rápidamente las 4 cucharadas de agua hirviendo.

7. Agregue la corteza de naranja al almíbar junto con el cointreau y deje que se enfríe por completo.

8. Coloque las rodajas de naranja en una fuente y vierta encima el almíbar ya frío. Refrigere varias horas, o incluso toda la noche antes de servirlo.

Paso 1 Corte la corteza de naranja en tiras muy finas utilizando un cuchillo afilado.

Paso 3 Retire toda la parte blanca de las naranjas con mucho cuidado, usando un cuchillo de sierra.

Paso 5 Cocine a fuego moderado el azúcar y el jarabe hasta que tenga color dorado pálido. En esta etapa, tenga cuidado de no cocer en exceso.

Notas del chef

Tiempo
La preparación requiere 25 minutos y la cocción tarda 20 minutos.

Atención
Tenga cuidado de no cocer en exceso el almíbar para que no se queme, estropeando el sabor.

Preparación
Cuando añada las cucharadas de agua hirviendo, sostenga la cazuela lejos de usted, ya que el almíbar salta y salpica y le puede provocar una quemadura grave.

Congelación
Las naranjas frescas se pueden congelar muy bien, pero el jarabe se debe preparar cada vez que lo vaya a utilizar.

Contenido vitamínico
Las naranjas son excelente fuente de vitaminas A y C.

UN BIZCOCHO DE 25 CM

PASTEL DE ZANAHORIA

Las zanahorias dan un delicioso sabor dulce al pastel, y aportan muchas vitaminas y minerales. ¿Qué mejor pretexto para darse un capricho que este delicioso manjar a la hora del té?

175 g de mantequilla
175 g de azúcar moreno
2 huevos bien batidos
225 g de harina integral
3 c/ditas de bicarbonato de sodio
3/4 c/dita de levadura
1/2 c/dita de canela en polvo
1/2 c/dita de nuez moscada en polvo
3/4 c/dita de sal
225 g de zanahorias peladas y ralladas
90 g de pasas
60 g de nueces finamente picadas
1/2 c/dita de semillas de cardamomo trituradas
Azúcar glas para espolvorear

1. Bata la mantequilla y el azúcar hasta que quede una mezcla cremosa.

2. Agregue los huevos poco a poco, bata muy bien y, al mismo tiempo, espolvoree una cucharadita de harina para evitar que la mezcla se separe.

3. Coloque la harina restante en un bol grande junto con el bicarbonato, la levadura, la canela, la nuez moscada y la sal. Mezcle bien.

4. Mezcle en forma envolvente la harina con la mezcla de mantequilla y huevo, removiendo bien para se incorporen.

5. Añada las zanahorias, las pasas, las nueces y las semillas de cardamomo, batiendo muy bien hasta que los ingredientes estén bien mezclados.

6. Engrase un molde para pan de 25 cm y cubra la base con un trozo de papel encerado.

7. Caliente previamente el horno a 175 °C. Vierta la mezcla del pastel en el molde para pan y hornee de 45 a 50 minutos o hasta que salga limpia una varilla fina de metal cuando la introduzca en el centro del pastel.

8. Deje enfriar el pastel dentro del molde durante 15 minutos y después vuélquelo sobre una rejilla de alambre hasta que termine de enfriarse.

9. Espolvoree con el azúcar glas justo antes de servir.

Paso 2 Añada los huevos a la mantequilla con azúcar, bata poco a poco y espolvoree una pequeña cantidad de harina al mismo tiempo para evitar que la mezcla se separe.

Paso 5 Añada las zanahorias, las pasas, las nueces y las semillas de cardamomo batiendo muy bien hasta que los ingredientes estén bien mezclados.

Notas del chef

Tiempo
La preparación requiere 30 minutos y tarda de 45 a 50 minutos en hornearse.

Atención
Si la mezcla de huevo y mantequilla se separa, agregue un poco más de harina y bata a alta velocidad con una batidora eléctrica hasta que la mezcla se incorpore nuevamente.

Contenido vitamínico
La harina de trigo integral es una excelente fuente de vitaminas D y B. Las zanahorias son una maravillosa fuente de vitaminas A y C.

UN PASTEL DE 20 CM

PASTEL DE ALMENDRAS TOSTADAS

Al cubrir este pastel con una capa crujiente de almendras tostadas, se le da una característica muy diferente a la del resto de los dulces para la hora del té.

150 g de mantequilla blanda
90 g de azúcar
2 huevos ligeramente batidos
180 g de harina integral para pasteles
3/4 c/dita de extracto de vainilla
2 1/2 c/das de zumo de naranja
60 g de azúcar moreno
50 g de mantequilla sin sal derretida
1 1/4 c/das de leche
60 g de almendras en láminas
1 1/4 c/das de harina
60 g de azúcar glas
2 1/2 c/das de harina fina de maíz
3 yemas de huevo
1,5 dl de leche
6 c/das de nata fresca montada
1/2 c/dita de esencia de almendras

1. Bata la mantequilla con el azúcar hasta que quede esponjosa.

2. Añada los huevos uno a uno mientras sigue batiendo, espolvoree una cucharadita de harina integral después de cada huevo para evitar que la mezcla se separe.

3. Agregue en forma envolvente la harina integral restante junto con la esencia de vainilla y el zumo de naranja.

4. Engrase ligeramente un molde redondo de 20 cm y cubra el fondo con una hoja de papel encerado.

5. Vierta la mezcla con un cucharón y extiéndala con una espátula para que quede uniforme.

6. Ponga el azúcar en una cazuela pequeña junto con la mantequilla derretida, 1 1/4 cucharadas de leche y las almendras rodajas. Cocine a fuego lento y remueva hasta que el azúcar se disuelva por completo.

7. Espolvoree 1 1/4 cucharadas más de harina encima del pastel y vacíele con cuidado la mezcla de azúcar, mantequilla y almendras. Extienda uniformemente sin mover la pasta del pastel.

8. Caliente previamente el horno a 190 °C y hornee el pastel de 20 a 30 minutos hasta que esponje bien y la parte de arriba esté acaramelada y dorada.

9. Ponga el azúcar glas, la harina fina de maíz y las yemas de huevo en un bol y bátalos con una batidora eléctrica hasta que adquieran una consistencia ligera y esponjosa.

10. Vierta la leche poco a poco batiendo entre una y otra vez. Pase la mezcla por un tamiz y póngala en una cazuela de fondo grueso.

11. Cueza a fuego lento hasta que espese y cubra la parte posterior de una cuchara de madera. Remueva frecuentemente la mezcla durante el tiempo de cocción para evitar que se queme o se cuaje.

12. Saque del fuego y deje enfriar.

13. Cuando la crema pastelera esté completamente fría, incorpore con cuidado la nata espesa y el extracto de almendras.

14. Cuando el pastel esté frío, córtelo cuidadosamente por la mitad horizontalmente con un cuchillo afilado y una las dos capas rellenándolas con la crema de almendras.

15. Métalo a la nevera para servirlo frío.

Notas del chef

Tiempo
La preparación requiere 40 minutos; el horneado tarda más o menos 30 minutos y 10 minutos más para el relleno.

Atención
No deje calentar demasiado la mezcla para la capa de almendras, sólo lo suficiente para disolver el azúcar. Si se calienta demasiado, deje que enfríe antes de vaciarla sobre la mezcla del pastel crudo.

Contenido vitamínico
La harina de trigo integral contiene vitaminas del complejo B y vitamina E, al igual que las nueces; los huevos y la mantequilla contienen vitaminas A, B, D y E. La leche y la nata contienen vitaminas A y D.

COCINA FÁCIL Y LIGERA

BAJO EN CALORÍAS

PARA UNA SILUETA MÁS ESBELTA

BAJO EN CALORÍAS

Introducción

Probablemente, una de las formas más adecuadas para mejorar la salud sea estar pendiente de su propio peso. Al llevar una dieta equilibrada con control de calorías, ayudará a su cuerpo a mantenerse en forma y a funcionar con más eficacia. El sobrepeso incrementa las posibilidades de hipertensión, trombosis o ataques cardíacos, dificulta el buen estado físico y, con frecuencia, disminuye la autoestima del individuo. Esto no quiere decir que todo el mundo tiene que tener un cuerpo de modelo. Estar pendiente de su peso quiere decir simplemente, mantener el peso adecuado según su estatura y edad.

Si usted sigue un régimen para adelgazar o si sólo trata de mantener su peso actual, es muy importante hacer un balance de los alimentos que consume y los beneficios que obtiene de ellos. Un batido de chocolate le proporcionará algunos elementos nutritivos importantes, pero no le aportará la suficiente cantidad de fibras, vitaminas o proteínas necesarias en una comida, ni tampoco le enseñará a seguir una dieta bien equilibrada.

De hecho, contar las calorías es la forma ideal de saber día tras día, si el consumo de calorías es el adecuado para conservar su peso actual. Si la cantidad de calorías consumidas no excede la cantidad de calorías que gasta, el peso corporal se mantendrá constante. Por ello no hay que subestimar la importancia de hacer ejercicio regularmente; cuanto más activo sea, más fácil le será controlar su peso. No existe ninguna solución milagrosa para mantener un peso saludable. Sin embargo, una alimentación equilibrada contando las calorías y haciendo ejercicio regularmente, es la manera más sana y natural de lograrlo.

Estas recetas han sido recopiladas con el fin de ayudarle a adoptar una alimentación que siendo a la vez baja en calorías puede ser muy placentera. Todas las recetas en este capítulo indican la cantidad de calorías que ellas contienen. Todo lo que tiene que hacer es decidir cuál de los platos de fácil preparación incluirá en su menú.

PARA 4 PERSONAS
44 calorías por ración

SOPA DE ZANAHORIA

Esta deliciosa sopa preparada con zanahorias satisface el apetito y es baja en calorías.

450 g de zanahorias
1 cebolla mediana
1 nabo mediano
2 dientes de ajo picados
7,5 dl de agua o caldo de verduras
3/4 c/dita de tomillo en polvo
3/4 c/dita de nuez moscada molida
Sal y pimienta blanca molida al gusto
Pipas de girasol tostadas, almendras en rodajas y pistachos para adornar

1. Pele las zanahorias y córtelas en rodajas gruesas.

2. Pele y pique en trozos grandes la cebolla y el nabo.

3. Ponga a hervir las verduras, el ajo y el agua o caldo en una cazuela grande. Tápela, baje la temperatura y cueza a fuego lento durante 20 minutos.

4. Agregue las especias y hierva otros 5 minutos a fuego lento.

5. Retire la sopa del fuego y deje que enfríe durante 15 minutos.

6. Coloque la sopa en una batidora o un procesador de alimentos y bata hasta que quede bien mezclada y espesa.

7. Caliente la sopa al gusto y antes de servir, adórnela con las pipas.

Paso 1 Corte las zanahorias en rodajas gruesas de 1 cm aproximadamente.

Paso 2 Corte la cebolla y el nabo pelados en trozos gruesos con un cuchillo bien afilado.

Paso 6 Coloque la sopa en una batidora o procesador de alimentos hasta que quede bien mezclada y espesa.

Notas del chef

Tiempo
La preparación requiere aproximadamente 12 minutos y la cocción de 25 a 30 minutos.

Sugerencia
Prepare la receta usando el doble de ingredientes y congele la mitad para uso futuro.

Variante
En lugar de nuez moscada, puede utilizar 1/4 c/dita de pimienta de Cayena.

PARA 4 PERSONAS
115 calorías por ración

MELÓN CON JAMÓN SERRANO

Esta típica entrada italiana es estupenda si se sirve bien fría en los calurosos días de verano.

1 melón maduro grande
16 lonchas finas de jamón serrano
Hojas de perejil para adornar

Paso 1 Vacíe el melón con una cuchara y deseche las pipas y el centro fibroso.

1. Corte el melón por la mitad a lo largo. Retire las pipas y las fibras con una cuchara.

2. Corte el melón en cuartos y quíteles la cáscara.

3. Corte cada cuarto de melón a lo largo en 4 partes delgadas.

4. Envuelva cada rebanada de melón en una loncha de jamón serrano y colóquelas en una fuente. Enfríe bien y adorne con perejil antes de servir.

Paso 2 Pele los cuartos de melón con cuidado con un cuchillo bien afilado.

Paso 4 Enrolle una loncha de jamón serrano alrededor de cada rebanada de melón.

Notas del chef

Tiempo
La preparación requiere 15 minutos.

Sugerencia
Para un buffet, prepare este plato como entremés, acompañado de aceitunas, huevos rellenos y lonchas de salami.

Variante
En lugar de melón puede acompañar las lonchas de jamón serrano con higos frescos partidos en cuatro.

PARA 20 PERSONAS
334 calorías por ración

AÑOJO CON ESPECIAS

El añojo con especias es un atractivo plato para un buffet o un servicio de platos fríos y sólo se necesita una pequeña ración para cada invitado. Si no desea cocinar un trozo de carne tan grande, utilice tan solo la mitad de los ingredientes.

- 2,7 kg de babilla
- 3 hojas de laurel
- 1 1/4 c/ditas de macis en polvo
- 6 clavos
- 1 1/2 c/ditas de pimienta negra en granos
- 1 1/2 c/ditas de pimienta de Jamaica
- 2 dientes de ajo grandes
- 1 c/dita de sal
- 2 1/2 c/das de almíbar espeso de azúcar moreno
- 2 1/2 c/das de azúcar moreno
- 450 g de sal gorda
- 2 1/4 c/ditas de nitrato de sodio

---

1. Retire el exceso de grasa del trozo de carne y asegúrese de atarla bien con hilo para que mantenga su forma mientras la condimenta.

2. Corte las hojas de laurel en pedazos y mezcle con el macís en polvo.

3. Utilice un mortero para triturar los clavos, la pimienta negra y la pimienta de Jamaica.

4. Pique el ajo y agréguelo a las especias molidas en el mortero, junto con 1 cucharadita de sal. Triture con la mano del mortero hasta formar una pasta.

Paso 6 Frote toda la superficie de la carne con un poco de la mezcla de especias, cubriéndola bien.

5. Coloque las hojas de laurel, el macís, las especias molidas, el ajo, el almíbar, el azúcar moreno, la sal gorda y el nitrato de sodio en un tazón grande y mezcle bien.

6. Coloque la carne en un tazón y frótela con la mezcla de especias. Tapar el tazón y reservar.

7. Repita este proceso diariamente durante 1 semana girando la carne y rociándola cada día con la mezcla. Durante este tiempo, deje la carne en un lugar frío o refrigérela.

8. Para cocer la carne, póngala en una cazuela grande y cúbrala con agua. Tape y cueza 6 horas a fuego lento. Deje que se enfríe en el caldo de cocción.

9. Una vez fría, saque la carne del líquido; quítele el hilo y póngala en un molde rectangular o una fuente alta donde quede ajustada.

10. Coloque un plato encima de la carne y póngale pesas o algo pesado encima para hacer presión. Deje la carne con las pesas en un lugar fresco durante la noche.

11. Corte en lonchas delgadas y sírvala fría sobre una capa de lechuga.

Paso 8 Coloque la carne en una cazuela grande y vierta suficiente agua para cubrirla.

Notas del chef

Tiempo
La preparación requiere 1 semana y tarda 6 horas en cocerse.

Sugerencia
El nitrato de sodio se compra en las farmacias.

Atención
Asegúrese de mantener la carne en un lugar frío mientras absorbe los condimentos.

PARA 4 PERSONAS
24 calorías por ración

ENSALADA DE NARANJA, POMELO Y MENTA

El fragante sabor de la menta fresca es el complemento perfecto de las frutas cítricas. Sírvala fría para una entrada baja en calorías.

2 pomelos
3 naranjas
Edulcorante líquido al gusto (opcional)
8 ramitas de menta

1. Pele los pomelos y las naranjas con un cuchillo de sierra retirando tanto la corteza como la parte blanca.

2. Saque los gajos cortándolos para separarlos completamente de la membrana.

3. Exprima las membranas en un tazón para extraer todo el jugo. Si es necesario, agregue edulcorante líquido.

4. Sirva en cuatro platos individuales, alternando los gajos de naranja y pomelo.

5. Pique finamente 4 ramitas de menta con un cuchillo afilado. Revuelva la menta picada con el zumo de fruta.

6. Vierta el zumo sobre la fruta con una cuchara y enfríe en la nevera.

7. Adorne con una hojita de menta antes de servir.

Paso 1 Pele los pomelos y las naranjas con un cuchillo de sierra y asegúrese de cortarles toda la parte blanca.

Paso 2 Saque los gajos cortando con cuidado para separarlos completamente de la membrana.

Notas del chef

Tiempo
La preparación requiere aproximadamente 20 minutos, más el tiempo de refrigeración.

Sugerencia
Esta entrada se puede preparar con un día de anticipación.

Preparación
Asegúrese de quitar toda la parte blanca de las frutas, pues su sabor es amargo.

Variante
Si puede conseguirlos, use pomelos rosados y naranjas de color oscuro para dar más colorido a la ensalada. Utilice hojas de borraja en lugar de menta y adorne con algunas flores azules.

PARA 4 PERSONAS
41 calorías por ración

SOPA INDIA DE TOMATE

Esta sopa de tomate, tan aromática y condimentada, es un primer plato de bajas calorías.

225 g de tomates
1 cebolla mediana
2 1/2 c/das de aceite de girasol
1 guindilla verde sin semillas finamente picada
3 dientes de ajo picados
1 1/4 c/das de pasta de tomate
1 litro de agua o caldo de verduras
4 ó 6 hojas de curry verde o 3/4 c/dita de curry en polvo
Sal marina recién molida al gusto
Hojas de cilantro y guindillas verdes para adornar

1. Haga un corte en forma de cruz en la parte superior de cada tomate y sumérjalo en agua hirviendo de 30 a 40 segundos.

2. Saque los tomates del agua y pélelos con un cuchillo afilado.

3. Saque el corazón verde de cada tomate con un cuchillo y pique el resto en trozos grandes.

4. Pele la cebolla y corte en trozos pequeños con un cuchillo afilado.

5. Caliente el aceite en una sartén grande y sofría ligeramente la cebolla, la guindilla picada y el ajo de 3 a 4 minutos, hasta que se ablanden sin que se lleguen a dorar.

6. Agregue los tomates picados y fríalos 5 minutos, removiendo continuamente para evitar que se quemen los ingredientes.

7. Mezcle la pasta de tomate con el agua y vacíe sobre la cebolla y los tomates. Agregue las hojas de curry o el curry en polvo, sazone con la sal marina y deje hervir a fuego lento de 5 a 7 minutos.

8. Retírelo del fuego y agréguele las hojas de cilantro y las guindillas.

9. Sirva la sopa muy caliente en 4 ó 6 tazones individuales. Antes de tomar la sopa, retire las guindillas que adornan el plato.

Paso 2 Saque los tomates del agua hirviendo y pélelos con mucho cuidado.

Paso 3 Corte y deseche el corazón verde de los tomates y pique la pulpa en trozos grandes con un cuchillo afilado.

Notas del chef

Tiempo
La preparación requiere aproximadamente 15 minutos y la cocción tarda de 17 a 18 minutos.

Atención
Tenga mucho cuidado cuando prepare la guindillas. Evite que le salpique el jugo en los ojos o la boca. Si esto ocurriera, enjuáguese con mucha agua fría.

Congelación
La sopa se congela bien, pero debe hacerlo antes de agregar los complementos.

PARA 4 PERSONAS
113 calorías por ración

ENSALADA DE PIMIENTOS ASADOS

Una forma tradicional de preparar esta hortaliza dulce es asarla, lo que aumenta su delicado sabor en lugar de modificarlo.

3 pimientos grandes de colores (rojo, verde, amarillo)
5 c/das de aceite de oliva
1 diente de ajo finamente picado
8 hojas de albahaca en trozos
3 ramitas de mejorana fresca en trozos
2 1/2 c/das de alcaparras en conserva
2 1/2 c/das de vinagre de vino blanco

1. Corte los pimientos por la mitad a lo largo. Retire y tire las semillas y la parte interior.

Paso 2 Aplane las mitades de pimiento, aplastándolas con la palma de la mano contra una superficie plana.

2. Coloque los pimientos sobre una superficie plana, con la parte interior hacia abajo y aplástelos con la palma de la mano.

3. Caliente muy bien el horno. Coloque los pimientos en una bandeja de horno y úntelos con 1 1/4 cucharadas de aceite de oliva.

4. Ase los pimientos hasta que la piel se tueste bien. Envuélvalos en un paño limpio y deje reposar 15 minutos.

5. Desenvuelva los pimientos y retire la piel tostada y suelta.

Paso 4 Tueste la piel de los pimientos en el horno caliente. De ser necesario, gírelos sin darles la vuelta para que se asen uniformemente.

Paso 5 Envuelva los pimientos tostados en un paño para que retengan la humedad y así pueda levantar la piel tostada del pimiento.

6. Corte los pimientos en tiras gruesas y colóquelos en una fuente.

7. Écheles por encima el ajo picado, las hojas de albahaca, la mejorana y las alcaparras.

8. Mezcle el aceite de oliva restante con el vinagre y viértalo sobre los pimientos. Debe enfriarlos en la nevera durante por lo menos 1 hora antes de servirlos.

Notas del chef

Tiempo
La preparación requiere 30 minutos, más 1 hora de refrigeración.

Variante
Para ocasiones especiales, use brotes de berro en lugar de alcaparras.

Preparación
La piel de los pimientos debe estar bien tostada antes de envolverlos en el paño; de lo contrario, no se podrán pelar adecuadamente.

Sugerencia
Si no desea asar los pimientos, pínchelos en un tenedor y sosténgalos sobre el fuego para tostar la piel.

PARA 2 PERSONAS
252 calorías por ración

TORTILLA DE TOMATES FRESCOS

Las tortillas de huevo, que se pueden variar con diferentes rellenos, son ideales para almuerzos bajos en calorías o comidas ligeras. Los tomates frescos de esta receta se pueden comer en abundancia en una dieta que requiera un control de calorías.

450 g de tomates frescos
4 huevos
5 c/das de agua
3/4 c/dita de albahaca fresca picada
Sal y pimienta negra recién molida
2 1/2 c/das de aceite de oliva
3/4 c/dita de orégano o albahaca picados para adornar

1. Haga un corte en cruz en la parte superior de cada tomate y sumérjalos en agua hirviendo. Deje 30 segundos y sáquelos con una espumadera.

2. Pélelos cuidadosamente con un cuchillo afilado y tire la piel.

3. Corte los tomates por la mitad y quíteles las semillas, el jugo y el corazón duro.

4. Corte los tomates en tiras delgadas.

5. Coloque los huevos en un tazón y bátalos junto con el agua y la albahaca picada. Sazone con la sal y la pimienta y siga batiendo hasta que la mezcla quede espumosa.

6. Caliente el aceite en una sartén grande y vierta la mezcla de huevo.

7. Extienda la mezcla de huevo en la sartén utilizando una espátula y cocine de 2 a 3 minutos o hasta que el huevo empiece a cuajar.

8. Esparza las tiras de tomate sobre los huevos parcialmente cocidos y siga friendo sin remover, hasta que los huevos cuajen por completo y los tomates se calienten.

9. Espolvoree con el resto de la albahaca antes de servir.

Paso 2 Pele con cuidado los tomates con un cuchillo afilado.

Paso 3 Retire las semillas y el jugo de las mitades de tomates, con una cucharita.

Paso 5 Bata los huevos, el agua y las hierbas hasta que queden espumosos.

Notas del chef

Tiempo
La preparación requiere aproximadamente 25 minutos y tarda más o menos 5 minutos en hacerse.

Variante
Si le gusta, agregue a la mezcla de huevo 1 diente de ajo finamente picado.

Para servir
Corte la tortilla de huevo en porciones y sírvala directamente de la sartén.

PARA 4 PERSONAS
83 calorías por ración

BROCHETAS VEGETARIANAS

Esta es una deliciosa y colorida manera de servir verduras frescas como parte de una dieta baja en calorías.

1 berenjena grande
Sal
1 pimiento verde grande
4 calabacines
12 ó 14 tomates miniatura, rojos o amarillos
12 ó 14 cebollitas tiernas pequeñas
12 ó 14 cabezas de champiñones
5 c/das de aceite de oliva
2 1/2 c/das de zumo de limón
3/4 c/dita de sal
3/4 c/dita de pimienta negra recién molida

1. Corte la berenjena por la mitad y después en dados de 2,5 cm.

2. Coloque los dados de berenjena en un bol grande y espolvoree con bastante sal. Revuelva bien y deje reposar 30 minutos para quitarle lo amargo.

3. Póngala en un tamiz y enjuague bien con agua fría para quitar los restos de sal.

Paso 5 Corte los calabacines en rodajas diagonales de 2,5 cm.

4. Corte el pimiento por la mitad y quítele el corazón y las semillas. Corte la pulpa en trozos de 2,5 cm con un cuchillo afilado.

5. Corte los calabacines en rodajas diagonales de 2,5 cm.

6. Retire la parte dura del centro de los tomates miniatura y pele las cebollas. Enjuague los champiñones con agua fría para quitarles los restos de tierra, pero no los pele.

7. Coloque las verduras ya preparadas en un tazón grande y agregue el resto de los ingredientes. Mezcle bien para que se cubran uniformemente, tape con papel adherente y deje reposar aproximadamente 30 minutos, revolviendo 1 ó 2 veces para que se cubran bien.

8. Ensarte las verduras en los pinchos alternándolas y métalas al horno.

9. Unte las brochetas con la vinagreta usando una brocha y ase de 3 a 4 minutos, dándoles vueltas y regando con frecuencia con la vinagreta hasta que doren uniformemente. Sírvalas muy calientes.

Paso 8 Ensarte las verduras ya maceradas y preparadas en forma alternada en los pinchos, poniendo igual número de trozos de cada una.

Notas del chef

Tiempo
La preparación requiere aproximadamente 30 minutos y tarda más o menos 10 minutos en asarse, más el tiempo de maceración.

Preparación
Es importante desamargar la berenjena antes de cocinarla, para quitarle el sabor amargo y un poco de humedad.

Variante
En esta receta puede usar cualquier combinación de sus verduras favoritas.

PARA 6 PERSONAS
213 calorías por ración

DOLMADES

Deliciosos paquetes individuales de arroz, hierbas, nueces y frutas: un refrigerio o plato diferente para el almuerzo o la cena y bajo en calorías.

12 hojas grandes de col lavadas
180 g de arroz de grano largo
8 cebollitas tiernas
1 1/4 c/das de albahaca fresca picada
1 1/4 c/das de menta fresca picada
1 1/4 c/das de perejil fresco picado
60 g de piñones
60 g de pasas
Sal y pimienta negra recién molida
5 c/das de aceite de oliva
El zumo de 1 limón
1,5 dl de yogur
125 g de pepinos

1. Retire los tallos duros a las hojas de col con un cuchillo afilado.

2. Sumerja las hojas 30 segundos en agua hirviendo con sal. Sáquelas con una paleta y escúrralas perfectamente antes de extenderlas sobre una superficie plana.

3. Coloque el arroz en una cazuela y cubra con suficiente agua hirviendo. Cueza de 15 a 20 minutos o hasta que el arroz esté blando y el líquido se haya absorbido casi por completo. Enjuague el arroz con agua fría para quitar los restos de almidón.

4. Corte las cebollitas en rodajas delgadas diagonales. Coloque el arroz y las cebollitas cortadas en un tazón grande junto con el resto de los ingredientes, excepto 2 1/2 cucharadas de aceite de oliva, el yogur y los pepinos. Mezcle e incorpore perfectamente.

5. Rellene cada hoja de col ya blanqueada con 2 cucharadas de la mezcla de arroz y déle forma alargada apretándolas un poco.

Paso 5 Coloque el relleno con una cuchara en el centro de las hojas de col blanqueada, presionando ligeramente para darle forma alargada.

6. Doble los extremos de las hojas para cubrir parcialmente el relleno y después enrolle para envolverlo por completo.

7. Coloque los rollos con la unión hacia abajo en una fuente para hornear. Unte con el resto del aceite de oliva usando una brocha. Vierta agua caliente hasta que les llegue a la mitad.

8. Tape el molde con papel de aluminio, haciendo presión sobre las hojas de col para mantenerlas en su lugar. Caliente previamente el horno a 190 °C. Hornee de 30 a 40 minutos.

9. Pele los pepinos y córtelos a lo largo en cuatro partes. Quíteles las semillas y tírelas. Pique la pulpa y la mitad de la piel en trozos muy pequeños.

10. Mezcle los pepinos con el yogur y enfríe hasta que lo vaya a utilizar.

11. Escurra las dolmades, colóquelas en una fuente y báñelas con un poco de salsa de pepino.

Notas del chef

Tiempo
La preparación requiere aproximadamente 30 minutos; la cocción tarda 40 minutos.

Para servir
Sírvalas frías o calientes.

Preparación
Puede preparar las dolmades con un día de anticipación y refrigerarlas en su mismo líquido. Si lo desea, sírvalas calientes.

Variante
El relleno de arroz puede prepararse con los ingredientes que le agraden. En vez de hojas de col, puede usar hojas de parra.

PARA 6 PERSONAS
156 calorías por ración

BERENJENAS AL HORNO

Las berenjenas son verduras con muy pocas calorías y realmente satisfacen su apetito; ingrediente ideal para una dieta baja en calorías.

2 berenjenas grandes o 3 medianas
2 1/2 c/ditas de sal
1,5 dl de vinagre de malta
2 1/2 c/das de aceite de girasol
2 cebollas grandes peladas y en rodajas
2 guindillas verdes sin semillas finamente picadas
425 g de tomates alargados pelados y picados
3/4 c/dita de picante en polvo
1 1/4 c/ditas de ajo picado
3/4 c/dita de jengibre en polvo
8 tomates rebanados
3 dl de yogur
1 1/4 c/ditas de pimienta negra recién molida
90 g de queso manchego semicurado finamente rallado

1. Corte las berenjenas en rodajas de 0,5 cm de grosor. Colóquelas en un molde hondo y espolvoree con 1 1/2 cucharaditas de sal. Viértales el vinagre de malta, tape y deje marinar 30 minutos.

2. Escurra perfectamente las berenjenas y deseche el líquido.

3. Caliente el aceite en una sartén y fría ligeramente los anillos de cebolla hasta que doren.

4. Agregue las guindillas, el resto de la sal, los tomates picados, el picante en polvo, el ajo y el jengibre. Mezcle muy bien y deje hervir a fuego lento de 5 a 7 minutos, hasta que espese y se incorpore bien.

5. Retire la salsa del fuego y deje enfriar. Coloque en la batidora y bata hasta que adquiera consistencia de puré.

6. Coloque las rodajas de berenjena en el fondo de una fuente para hornear ligeramente engrasada.

7. Cubra las berenjenas con la mitad de la salsa de tomate. Coloque otra capa de berenjena sobre la salsa, cubra con el resto de la salsa y termine con una capa de tomates en rodajas.

8. Mezcle el yogur, la pimienta negra y el queso rallado. Vierta esta mezcla sobre las rodajas de tomate.

9. Caliente previamente el horno a 190 °C y hornee las berenjenas de 20 a 30 minutos o hasta que el queso haga burbujas y esté dorado. Sirva inmediatamente.

Paso 4 Fría las guindillas, los tomates y las especias junto con los anillos de cebolla dorados, hasta que ablanden y suelten jugo.

Paso 7 Cubra las berenjenas, colocadas en la fuente para gratinar, con la mitad de la salsa de tomate.

Notas del chef

Tiempo
La preparación requiere aproximadamente 30 minutos y tarda 40 minutos en hornearse.

Preparación
Asegúrese de escurrir perfectamente las berenjenas cuando las retire de la marinada. Presiónelas en un tamiz con el dorso de su mano para extraer el exceso de vinagre. No las enjuague, pues el vinagre les da un sabor intenso.

Sugerencia
Para reducir aún más el contenido de calorías, use queso bajo en calorías en lugar de manchego.

PARA 4 PERSONAS
54 calorías por ración

CAZUELA DE "GOMBOS"

Los "gombos" tienen una textura muy especial y su delicado sabor combina muy bien con los tomates para preparar esta deliciosa cazuela al estilo mediterráneo.

1 cebolla pequeña
2 1/2 c/das de aceite de oliva
225 g de "gombos" (*) frescos
6 tomates maduros
El zumo de 1/2 limón
Sal y pimienta negra recién molida
2 1/2 c/das de perejil fresco picado

1. Pele la cebolla y pártala por la mitad a lo largo. Con un cuchillo afilado, córtela en rodajas transversalmente.

2. Caliente el aceite en una sartén grande y sofría la cebolla hasta que esté blanda y transparente, pero no dorada.

3. Corte los tallos de los "gombos", pero deje el extremo puntiagudo. Tenga cuidado de no cortar la parte superior.

4. Agregue los "gombos" a la cebolla y sofría 10 minutos a fuego lento, removiendo ocasionalmente.

5. Haga un corte en cruz en la piel de los tomates y sumérjalos 30 segundos en agua hirviendo.

Paso 1 Coloque las mitades de cebolla pelada con el lado cortado hacia abajo y córtelas en rodajas delgadas.

6. Escurra los tomates y pélelos con cuidado. Tire la piel. Pártalos en trozos gruesos.

7. Agregue los tomates, el jugo de limón, las especias y el perejil a los "gombos" y cocine 5 minutos más o hasta que los tomates estén calientes.

8. Pase a una fuente y sirva frío o caliente.

Paso 3 Retire sólo los tallos de la parte superior de los "gombos" y tenga cuidado de no cortar por completo esta parte ni los extremos puntiagudos.

Paso 6 Pele con mucho cuidado los tomates ya cocidos.

(*) El "gombo" es una planta tropical llamada también okra, rica en calcio, en fósforo, en hierro y en vitamina C. El "gombo" puede encontrarse fresco o en conserva en tiendas de productos exóticos.

Notas del chef

Tiempo
La preparación requiere 15 minutos y tarda más o menos 15 minutos en cocinarse.

Variante
Puede utilizar judías verdes en lugar del "gombos".

Sugerencia
Si no consigue "gombos" frescos, puede usarlos enlatados, pero escúrralos y enjuáguelos antes de usarlos y reduzca el tiempo de cocción a la mitad.

Atención
Si queda mucho líquido después de la cocción, saque las verduras con una paleta de cocina y hierva el líquido a fuego alto para que se consuma la salsa.

PARA 6 PERSONAS
234 calorías por ración

PASTA CON SALSA DE TOMATES FRESCOS Y ALBAHACA

La pasta es un alimento que se puede incluir en las dietas bajas en calorías ya que son muy nutritivas. Sin embargo, hay que tener cuidado con las calorías de las salsas que la acompañan.

1 cebolla pequeña finamente picada
450 g de tomates
2 1/2 c/das de tomate concentrado
1 naranja
2 dientes de ajo picados
Sal y pimienta negra recién molida
1,5 dl de vino tinto
1,5 dl de caldo de pollo
2 1/2 c/das de albahaca picada gruesa
350 g de pasta de trigo integral

1. Pele y pique finamente la cebolla.

2. Haga un corte en cruz en los tomates y póngalos 30 segundos en agua hirviendo. Sáquelos y pélelos con cuidado.

3. Corte los tomates en cuartos, quíteles las semillas y tírelas. Pique en trozos grandes y coloque en una cazuela grande junto con la cebolla y el tomate concentrado.

4. Caliente a fuego lento, removiendo continuamente hasta que los tomates estén blandos y suelten su jugo.

5. Ralle finamente la corteza de la naranja, corte la fruta por la mitad y exprima el zumo.

6. Ponga a hervir la ralladura y el zumo de naranja en la cazuela que contiene los tomates junto con el resto de los ingredientes, excepto la pasta.

7. Deje hervir hasta que la salsa se consuma y espese y las verduras estén blandas.

Paso 1 Para picar finamente una cebolla, pínchela en un tenedor una vez pelada, para mantenerla fija mientras la corta con un cuchillo afilado.

Paso 3 Corte los tomates en cuartos y tire las semillas.

8. Mientras cuece la salsa, coloque la pasta en otra cazuela con suficiente agua hirviendo para cubrirla. Sazone con un poco de sal y cueza de 10 a 12 minutos o hasta que la pasta esté blanda.

9. Escurra la pasta en un tamiz y revuélvala con la salsa caliente. Sirva inmediatamente con una ensalada.

Notas del chef

Tiempo
La preparación requiere de 15 a 20 minutos y tarda de 10 a 12 minutos en cocerse.

Variante
Si le agrada, añada a la salsa 60 g de champiñones cortados en rodajas finas.

Congelación
Esta salsa se conserva bien congelada hasta 3 meses.

PARA 6 PERSONAS
153 calorías por ración

CAZUELA DE VERDURAS Y ACEITUNAS

El vinagre y las alcaparras le dan un sabor intenso a este agradable guiso de verduras.

1 berenjena
Sal
1,5 dl de aceite de oliva u otro aceite vegetal
1 cebolla pelada en rodajas delgadas
2 pimientos rojos sin semillas picados
2 tallos de apio en rodajas gruesas
450 g de tomates en conserva
2 1/2 c/das de vinagre de vino tinto
1 1/4 c/das de azúcar
1 diente de ajo picado
Sal y pimienta negra recién molida
12 aceitunas negras sin hueso
1 1/4 c/das de alcaparras

1. Corte la berenjena por la mitad a lo largo y hágale cortes superficiales en forma de cuadrados con la punta de un cuchillo afilado.

2. Espolvoree con sal abundante y deje reposar 30 minutos.

3. Enjuague bajo el chorro de agua, seque perfectamente y corte en cubos de 2,5 cm.

4. Caliente el aceite en una cazuela grande y agregue la cebolla, los pimientos y el apio. Sofría a fuego lento 5 minutos, removiendo ocasionalmente hasta que las verduras se ablanden sin que lleguen a dorarse.

5. Agregue la berenjena y remueva para que se cubra de grasa. Siga cocinando a fuego lento 5 minutos más.

6. Pique los tomates y páselos por un tamiz, presionando con una cuchara de madera para que pasen la pulpa y el jugo, pero las semillas se queden.

7. Agregue los tomates colados a la cazuela junto con el resto de los ingredientes, excepto las aceitunas y las alcaparras. Cubra y deje que hierva a fuego lento 5 minutos.

8. Corte las aceitunas en cuartos y agregue a las demás verduras junto con las alcaparras.

9. Continúe cociendo sin tapar la cazuela 15 minutos más o hasta que se consuma casi todo el líquido y la salsa espese.

Paso 1 Haga cortes superficiales en forma de cuadrícula en las mitades de berenjena con la punta de un cuchillo afilado.

Paso 9 Deje que hierva a fuego lento sin tapar la cazuela, hasta que se consuma el líquido y espese.

Notas del chef

Tiempo
La preparación requiere 30 minutos, más 30 minutos para desamargar la berenjena. La cocción tarda aproximadamente 25 minutos.

Preparación
Los cortes superficiales y la sal que se le pone a la berenjena son para quitarle el sabor amargo y reblandecerla.
Sin embargo, asegúrese de enjuagarle bien la sal antes de cocerla, pues cambia el sabor de esta receta.

Sugerencia
Puede preparar este plato con 2 ó 3 días de anticipación y guardarlo tapado en la nevera.

Para servir
Esta receta es deliciosa si se sirve fría como ensalada, o caliente con arroz y pan pita.

PARA 4 PERSONAS
87 calorías por ración

ENSALADA DE COLIFLOR CON ACEITUNAS NEGRAS

Los sabores excitantes del Mediterráneo combinados en esta receta, producen una ensalada novedosa y diferente.

125 g de aceitunas negras
1 coliflor grande
1 cebolla grande
5 c/das de aceite de oliva
1,5 dl de agua
Zumo de 1/2 limón
3 1/2 c/das de pasta de tomate
Sal y pimienta negra recién molida
2 1/2 c/das de perejil fresco picado

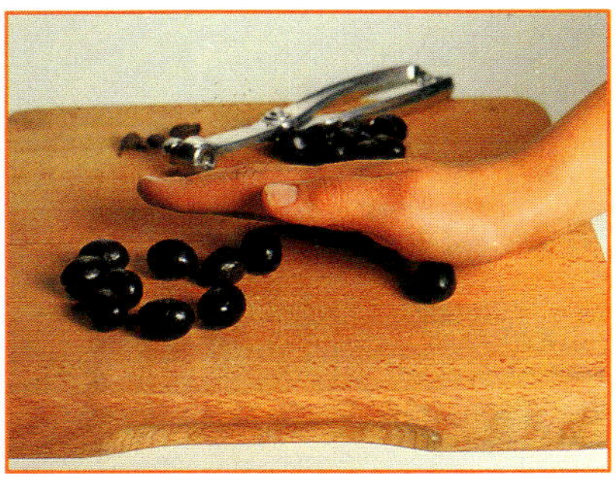

Paso 1 Para desprender los huesos antes de quitarlos, presione las aceitunas mientras las rueda con la mano sobre una superficie plana.

1. Ruede las aceitunas con firmeza sobre una superficie plana presionando con la palma de la mano. Retire los huesos con la punta del pelador de patatas. Pique las aceitunas en trozos gruesos y resérvelas.

2. Limpie la coliflor y sepárela en ramitos pequeños.

3. Pele la cebolla y córtela en anillos.

4. Caliente el aceite en una cazuela grande y sofría la coliflor 2 minutos. Saque la coliflor y póngala en una fuente. Sofría la cebolla en la misma cazuela de la misma manera.

5. Coloque de nuevo la coliflor en la cazuela y agregue el agua y el zumo de limón. Deje que hierva, baje el fuego y cueza hasta que ablande; si se queda seco, agregue un poco más de agua.

6. Saque la coliflor de la cazuela con una paleta de cocina y guarde el líquido de la cocción.

Paso 3 Corte la cebolla mientras la sostiene firmemente con un tenedor.

7. Agregue la pasta de tomate, la sal y la pimienta al líquido y hierva a fuego alto hasta que se consuma un poco.

8. Agregue las aceitunas y caliente.

9. Coloque los ramitos de coliflor en una fuente y riéguelos con la salsa de aceitunas. Deje enfriar bien.

10. Espolvoréele el perejil picado antes de servirla.

Notas del chef

Tiempo
La preparación requiere aproximadamente 20 minutos; la cocción tarda más o menos 20 minutos, más el tiempo de refrigeración.

Sugerencia
Cueza la coliflor con una hoja de laurel para disminuir el fuerte olor.

Variante
Use aceitunas verdes en lugar de negras.

PARA 4 PERSONAS
99 calorías por ración

ENSALADA SALTEADA

Se sirve caliente, pero se cocina tan rápido que las verduras se mantienen crujientes.

1 cebolla
2 puerros grandes
5 c/das de aceite de oliva
2 dientes de ajo picados
225 g de "pois gourmands" (*) sin las puntas
125 g de brotes de soja o brotes de lentejas
Sal y pimienta negra recién molida
1 c/da de cilantro fresco picado

1. Pele la cebolla y córtela en anillos delgados.

Paso 1 Pinche la cebolla con un tenedor para sostenerla firmemente mientras la corta en rodajas.

2. Limpie los puerros y haga un corte a lo largo por uno de sus lados. Abra el puerro y lávelo muy bien bajo el chorro del agua.

3. Parta el puerro en 3 partes y luego córtelo en tiras delgadas.

4. Caliente el aceite en una cazuela grande y agregue la cebolla y el ajo. Sofría 2 minutos, removiendo todo el tiempo hasta que la cebolla se ablande sin que llegue a dorarse.

5. Agregue los "pois gourmands" y las tiras de puerro y sofría otros 4 minutos.

6. Agregue el resto de los ingredientes y sofría a fuego alto 2 minutos más. Sirva muy caliente.

(*) Los "pois gourmands" son pequeños guisantes muy tiernos y de color verde brillante. Ricos en azúcar, en potasio y en vitaminas se comen junto con la vaina.

Paso 2 Enjuague el puerro bajo el chorro de agua, separando las hojas para quitarles la tierra.

Paso 3 Corte los puerros a lo largo en tiras delgadas.

Notas del chef

Tiempo
La preparación requiere 15 minutos; el salteado tarda más o menos 10 minutos.

Sugerencia
Prepare sus propios brotes de soja o de lentejas poniendo las semillas en una jarra de vidrio; enjuáguelas y póngales agua limpia cada día. Tape con una muselina y deje en el quicio de una ventana soleada. Después de 3 ó 4 días, la soja o las lentejas germinarán.

Para servir
Acompañe con arroz y sazone con salsa de soja al gusto.

PARA 6 PERSONAS
84 calorías por ración

RATATOUILLE

Esta deliciosa cazuela de verduras, originaria del sur de Francia, se ha convertido en un plato favorito en todo el mundo.

2 berenjenas
Sal
4 calabacines
2 cebollas grandes
2 pimientos rojos o verdes
5 c/das de aceite de oliva
1,6 kg de tomates de pera en conserva
1 diente de ajo grande picado
2 1/2 c/das de albahaca fresca picada
Sal y pimienta negra recién molida
1,5 dl de vino blanco seco

1. Parta las berenjenas por la mitad a lo largo y hágales cortes superficiales diagonales en cada mitad con un cuchillo bien afilado.

2. Espolvoree sal abundantemente y deje reposar 30 minutos para quitarles el amargo. Después de ese tiempo, enjuague y seque muy bien.

3. Pique las berenjenas en trozos grandes y corte los calabacines en rodajas gruesas. Reservar.

4. Pele las cebollas y pártalas por la mitad; córtelas en rodajas finas con un cuchillo afilado.

5. Corte los pimientos por la mitad a lo largo y deseche las semillas y el corazón. Pique en trozos grandes.

6. Caliente el aceite en una cazuela grande y sofría las cebollas 5 minutos hasta que se ablanden y empiecen a dorarse.

7. Agregue los pimientos y los calabacines y sofría a fuego lento 5 minutos hasta que se empiecen a ablandar. Saque todas las verduras de la cazuela y reserve.

Paso 5 Retire las semillas y la membrana central de las mitades de pimiento y tírelas.

Paso 8 Sofría a fuego lento las berenjenas en el aceite y el jugo que soltaron las verduras hasta que empiecen a dorarse.

8. Coloque las berenjenas picadas en la cazuela junto con los jugos que soltaron las verduras. Sofría a fuego lento hasta que empiecen a dorarse.

9. Agregue los tomates en conserva, el ajo, la albahaca, la sal y la pimienta junto con las verduras salteadas, removiendo bien para que se incorporen todos los ingredientes. Deje que empiecen a hervir, baje la temperatura y hierva a fuego lento 15 minutos o hasta que se consuma una parte del líquido y espese.

10. Agregue el vino y cocine 15 minutos más antes de servir caliente. También puede servirlas frías.

Notas del chef

Tiempo
La preparación requiere 20 minutos, más 30 minutos para desamargar las berenjenas; la cocción tarda más o menos 35 minutos.

Preparación
Asegúrese de enjuagar perfectamente las berenjenas para quitarles la sal; de otra manera estropeará el sabor del plato terminado.

Sugerencia
Si el caldo en la cazuela es excesivo y no ha espesado una vez concluida la cocción, saque las verduras y deje hervir el líquido a fuego alto hasta que se consuma una parte y espese.

PARA 4 PERSONAS
239 calorías por ración

POLLO ASADO AL LIMÓN

Este es un segundo plato diferente y muy sencillo de preparar. Tiene pocas calorías, pero mucho sabor.

4 pechugas de pollo de unos 200 g cada una
Sal y pimienta negra recién molida
4 limones sin semillas
2 1/2 c/ditas de vinagre de vino blanco
6 c/das de aceite de oliva
2 1/2 c/ditas de albahaca fresca picada

1. Frote las pechugas con la sal y la pimienta negra. Póngalas en una fuente para hornear honda y reserve.

2. Corte la corteza de 2 de los limones en tiritas muy delgadas. Córtelos por la mitad y exprima.

3. Mezcle el zumo de limón, el vinagre y 4 cucharadas de aceite en un tazón pequeño, junto con las tiras de corteza de limón.

4. Vierta la mezcla de jugo de limón y vinagre sobre las pechugas de pollo. Tape y coloque en la nevera 4 horas o durante toda la noche.

5. Destape la fuente donde se está marinando el pollo y riéguelo con la salsa. Caliente previamente el horno a 190 °C y hornee de 30 a 35 minutos o hasta que el pollo esté bien asado y tierno.

6. Mientras tanto, pele los 2 limones restantes y quíteles la parte blanca de la corteza. Córtelos en rodajas con un cuchillo afilado.

7. Caliente el aceite restante en una sartén pequeña y agregue las rodajas de limón y la albahaca. Sofría 1 minuto a fuego alto, hasta que surja el aroma de la albahaca y los limones estén blandos.

8. Coloque las pechugas en una fuente, adorne con las rodajas de limón fritas y un poco más de albahaca si lo desea.

Paso 5 Después de macerar las pechugas durante 4 horas, tendrán un aspecto de estar ligeramente cocidas, de color pálido y opaco.

Paso 7 Sofría las rodajas de limón a fuego alto en el aceite caliente hasta que empiecen a ablandarse.

Notas del chef

Tiempo
La preparación requiere 25 minutos, más 4 horas para marinar la carne; la cocción tarda 40 minutos.

Preparación
El pollo se puede preparar con anticipación y dejarlo marinar durante la noche.

Variante
Use limones comunes en lugar de limones sin semillas y tomillo en lugar de albahaca.

Atención
Pinche el pollo con un palillo en su parte más gruesa y cuando salga jugo transparente, ya está listo.

PARA 4 PERSONAS
300 calorías por ración

ESCALOPES DE POLLO

El pollo es una carne excelente cuando la dieta debe ser baja en calorías, ya que contiene muy poca grasa. Hay miles de métodos diferentes para prepararlo y, aunque este es uno de los más simples, también es uno de los más deliciosos.

4 pechugas de pollo deshuesadas y sin piel
1 clara de huevo
60 g de pan integral rallado
1 1/4 c/das de salvia fresca picada
Sal y pimienta negra recién molida
2 1/2 c/das de aceite de nuez
1 dl de mahonesa baja en calorías
1,5 dl de yogur líquido
1 1/4 c/ditas de rábano picante rallado
2 1/2 c/das de nueces picadas
Rodajas de limón y nueces picadas para adornar

1. Seque las pechugas de pollo con toallas de papel.

2. Bata la clara de huevo con un tenedor hasta que empiece a hacer espuma, pero aún esté líquida.

3. Unte las pechugas con la clara batida usando una brocha.

4. Coloque el pan rallado en una fuente plana y mezcle con la salvia. Sazone con la sal y la pimienta.

5. Reboce las pechugas, presionando una por una sobre el pan con salvia.

6. Coloque el aceite a calentar en una sartén grande y fría las pechugas rebozadas a fuego lento, 5 minutos por cada lado hasta que se doren y estén blandas. Reserve y consérvelas calientes.

7. Mezcle el resto de los ingredientes, excepto los de adornar, en un tazón pequeño y bata vigorosamente para incorporar el yogur y la mahonesa.

8. Coloque las pechugas fritas en una fuente y cúbralas con un poco de salsa. Para servir, adórnelas con las rodajas de limón y un poco más de nueces picadas.

Paso 2 Bata la clara de huevo con un tenedor hasta que empiece a hacer espuma pero aún esté líquida.

Paso 5 Presione el pan rallado y la salvia en ambos lados de las pechugas de pollo, asegurándose de que queden perfectamente cubiertas.

Notas del chef

Tiempo
La preparación requiere aproximadamente 20 minutos y se fríen en 10 ó 15 minutos.

Variante
Sustituya las nueces por almendras y los limones sin semilla por limones comunes. Otra deliciosa combinación es la de naranjas con avellanas.

Para servir
Acompañe con habas ligeramente cocidas y patatas tiernas o arroz.

PARA 4 PERSONAS
230 calorías por ración

SCHNITZEL CON PIMENTÓN

Para una deliciosa comida baja en calorías, sirva el lomo de cerdo en filetes con salsa de paprika.

8 filetes finos de lomo de cerdo cortados a lo largo del filete
Sal y pimienta negra recién molida
1 diente de ajo picado
3 3/4 c/das de aceite de girasol
1 cebolla mediana
1 pimiento rojo
1 pimiento verde
1 1/4 c/das de pimentón
1,5 dl de caldo de carne
1 dl de vino tinto
3 3/4 c/das de pasta de tomate
1,5 dl de yogur desnatado

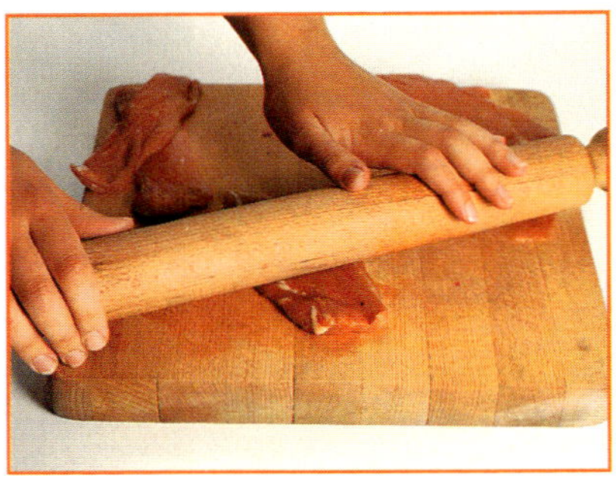

Paso 1 Aplane los filetes de cerdo con un rodillo hasta que queden de 0,5 cm de grosor.

1. Retire la grasa de los filetes de cerdo y aplánelas con un rodillo hasta que queden de 0,5 cm de grosor.

2. Unte ambos lados de los filetes con la sal, la pimienta y el ajo; déjelas reposar en la nevera durante 30 minutos.

3. Caliente el aceite en una sartén grande y fría los filetes de cerdo en varias tandas si es necesario, hasta que doren perfectamente y estén bien hechos. Este procedimiento tarda aproximadamente 4 minutos por cada lado.

4. Saque la carne de la sartén, resérvela y consérvela caliente.

5. Pele la cebolla y córtela en anillos finos, sosteniéndola con un tenedor mientras la corta. Corte los pimientos por la mitad y quíteles las semillas y el centro; córtelos en tiras delgadas.

6. Coloque los anillos de cebolla y las tiras de pimiento en el aceite, junto con el jugo que soltó la carne y sofría aproximadamente 3 ó 4 minutos, hasta que se ablanden sin que lleguen a dorarse.

7. Agregue el pimentón, el caldo, el vino y la pasta de tomate a las verduras y deje que den un hervor.

Paso 6 Sofría la cebolla y los pimientos durante 3 ó 4 minutos, hasta que se ablanden sin que lleguen a dorarse.

8. Baje la temperatura y hierva a fuego lento hasta que el líquido se evapore y la salsa espese. Sazone con sal y pimienta al gusto.

9. Coloque los filetes de cerdo en una fuente y vierta la salsa de pimentón por encima.

10. Bata el yogur en un tazón hasta que quede cremoso.

11. Rocíe cuidadosamente el yogur sobre la salsa de pimentón para crear un diseño atractivo, sin que el yogur se manche. Sirva caliente.

Notas del chef

Tiempo
La preparación requiere 30 minutos y tarda más o menos 20 minutos en freírse.

Congelación
Este plato congela bien.

Preparación
Este plato se puede preparar con anticipación, tápelo con papel de aluminio y cuando lo necesite, caliente al horno a temperatura moderada.

Sugerencia
Si el yogur es muy espeso para servirlo adecuadamente, bata con un poco de agua o leche desnatada, para aclararlo hasta conseguir la consistencia apropiada.

PARA 4 PERSONAS
254 calorías por ración

BROCHETAS DE LENGUADO

El pescado es muy nutritivo, económico y es un elemento ideal para una dieta sana.

8 filetes de lenguado
5 c/das de aceite de oliva
1 diente de ajo picado
El zumo de 1/2 limón
Ralladura de la corteza de 1/2 limón
Sal y pimienta negra recién molida
3 gotas de salsa Tabasco o de salsa picante
3 calabacines medianos
1 pimiento verde mediano
Perejil recién picado para adornar

1. Retire la piel del pescado con cuidado, usando un cuchillo afilado.

Paso 1 Corte entre la piel y la carne del pescado con un cuchillo afilado. Levante la carne mientras corta y mantenga el filo del cuchillo apartado de usted.

Paso 2 Corte los filetes por la mitad a lo largo y enróllelos.

2. Corte cada filete por la mitad a lo largo y enróllelo.

3. Mezcle el aceite, el ajo, el zumo de limón, la ralladura y las especias en un tazón.

4. Coloque los rollos de pescado en una fuente grande y vierta la salsa por encima. Tape y deje reposar en un lugar frío durante al menos 2 horas.

5. Corte los calabacines en rodajas de 0,5 cm.

6. Corte el pimiento por la mitad a lo largo y deseche las semillas y el corazón. Píquelo en trozos cuadrados de 2,5 cm.

7. Pinche con mucho cuidado los rollos de pescado ya marinados en las brochetas, alternándolos con trozos de las verduras preparadas. Unte los ingredientes de cada brocheta con la salsa.

8. Coloque las brochetas en una bandeja de horno y ase 8 minutos a temperatura media, dándoles la vuelta con frecuencia para evitar que se quemen y báñelas con la salsa para mantenerlas húmedas.

9. Coloque las brochetas en una bandeja y espolvoree el perejil para adornar.

Paso 7 Pinche los rollos ya marinados en las brochetas, alternándolos con las verduras para darle color a este plato.

Notas del chef

Tiempo
La preparación requiere aproximadamente 30 minutos, más el tiempo de maceración; la cocción tarda más o menos 8 minutos.

Preparación
Después de macerar el pescado durante 2 horas, el lenguado se verá opaco y tendrá una apariencia de estar parcialmente cocido.

Sugerencia
Estas brochetas son ideales para prepararse al aire libre en una barbacoa o parrilla.

PARA 6 PERSONAS
275 calorías por ración

CAZUELA DE TERNERA CON CHAMPIÑONES

La ternera es una carne baja en colesterol, deliciosa si se acompaña con salsa de tomate y champiñones.

1,5 kg de ternera magra
Sal y pimienta negra recién molida
5 c/das de aceite de oliva
2 escalonias finamente picadas
1/2 diente de ajo picado
1 dl de vino blanco seco
3 dl de caldo de carne concentrado
225 g de tomates en conserva escurridos y picados
1 manojo de hierbas aromáticas
2 tiras de corteza de limón
125 g de cabezas pequeñas de champiñones
2 1/2 c/das de perejil fresco picado

1. Corte la carne en trozos del tamaño de un bocado con un cuchillo afilado.

2. Sazone la carne con la sal y la pimienta y deje reposar 30 minutos.

3. Caliente la mitad del aceite en una sartén grande y fría la carne de 5 a 10 minutos, removiendo frecuentemente hasta que se dore por todos lados. Saque la carne de la sartén y reserve.

4. Coloque las escalonias y el ajo en la misma sartén, baje el fuego y cocine hasta que se ablanden pero no lleguen a dorarse. Coloque la ternera de nuevo en la sartén y mezcle bien.

5. Agregue el vino, el caldo, los tomates, el manojo de hierbas y la corteza de limón a la mezcla de carne y deje que empiece a hervir.

6. Cambie la ternera a una fuente para hornear, cubra con una tapa que ajuste perfectamente y hornee, en el horno previamente calentado a 150 °C, aproximadamente 1 1/4 horas, o hasta que la carne esté blanda.

Paso 3 Fría la ternera en el aceite caliente, removiendo con frecuencia hasta que se dore uniformemente.

Paso 4 Sofría el ajo y las escalonias en el aceite caliente y el jugo que soltó la carne, teniendo cuidado de que se ablanden sin dorarse.

7. Caliente el aceite restante en una sartén limpia y sofría los champiñones de 2 a 3 minutos a fuego lento, hasta que empiecen a ablandar pero no estén todavía hechos del todo.

8. Pasada 1 hora, coloque los champiñones con la carne que está en el horno y cocine 15 minutos más.

9. Espolvorear perejil picado antes de servir.

Notas del chef

Tiempo
La preparación requiere aproximadamente 30 minutos y el cocinado, más o menos 1 1/2 horas.

Variante
Use cordero o añojo en lugar de ternera.

Para servir
Acompañe con patatas pequeñas, pasta o arroz.

Atención
No permita que se doren las cebollas y los ajos, pues esto altera el sabor de la ternera.

PARA 4 PERSONAS
157 calorías por ración

BERENJENAS CON POLLO

Este plato tan poco usual es delicioso y además satisface el apetito.

2 berenjenas medianas
5 c/das de aceite de sésamo
2 dientes de ajo picados
4 cebollitas tiernas pequeñas
1 guindilla verde finamente picada
350 g de pechuga de pollo deshuesada y sin piel
5 c/das de salsa de soja clara
2 1/2 c/das de caldo o agua
1 1/4 c/das de pasta de tomate
1 c/dita de harina fina de maíz
Edulcorante líquido al gusto

1. Corte las berenjenas en cuartos a lo largo con un cuchillo afilado. Corte los cuartos de berenjena en trozos de 1 cm de grosor.

2. Póngala en un tazón y espolvoree con abundante sal. Remueva bien para que se impregne uniformemente con la sal. Tape con papel adherente y deje reposar 30 minutos.

3. Enjuague las berenjenas bajo el chorro del agua y séquelas muy bien con un paño limpio.

4. Caliente la mitad del aceite en una sartén grande y sofría el ajo a fuego lento sin que dore.

5. Agregue las berenjenas y sofría de 3 a 4 minutos, removiendo continuamente.

Paso 6 Corte las cebollitas en rodajas diagonales de 1 cm aproximadamente.

6. Corte las cebollitas en rodajas finas diagonales usando un cuchillo afilado. Agréguelas junto con la guindilla a las berenjenas y sofría 1 minuto más. Sáquelas de la sartén y reserve; consérvelas calientes.

7. Corte las pechugas de pollo en tiras finas con un cuchillo afilado.

8. Caliente el aceite restante en la sartén y fría las tiras de pollo 2 minutos o hasta que se ponga blanco y esté bien hecho.

9. Coloque de nuevo las verduras en la sartén y saltéelas, removiendo continuamente 2 minutos o hasta que se caliente todo perfectamente.

10. Mezcle el resto de los ingredientes y vierta sobre el pollo y las berenjenas, removiendo constantemente hasta que la salsa espese y se aclare. Sirva inmediatamente.

Notas del chef

Tiempo
La preparación requiere aproximadamente 10 minutos; la cocción tarda más o menos 15 minutos.

Sugerencia
Las verduras se pueden preparar con anticipación, pero las berenjenas deben enjuagarse después de 30 minutos de estar en la sal, para que no se resequen.

Variante
Sustituya el pollo por pavo, y las berenjenas por calabacines.

Para servir
Sirva este plato como parte de un menú de comida china.

PARA 4 PERSONAS
170 calorías por ración

PLATO DE FRUTAS

Esta mezcla de frutas puede variarse a su gusto y como se sirve sin almíbar, es baja en calorías.

1 higo verde
2 kiwis
2 dátiles frescos
1 guayaba
1 papaya
125 g de lichis
1/2 piña pequeña
1 mango fresco
125 g de uvas sin semillas
1/2 melón pequeño
225 g de sandía
2 1/2 c/das de zumo de limón
2 1/2 c/das de zumo de naranja
60 g de nueces picadas o de piñones (opcional)

1. Seleccione una fuente grande y plana para colocar las frutas.

2. Corte el higo en cuatro a lo largo y póngalo en la fuente.

3. Pele los kiwis y quíteles el corazón duro desde el extremo del tallo; córtelos en rodajas finas y colóquelos junto a los higos reservando algunas rodajas para la sandía.

4. Corte los dátiles por la mitad a lo largo; retíreles el hueso y colóquelos en la fuente.

5. Corte la guayaba por la mitad y luego en gajos con un cuchillo afilado; pele la papaya y córtela en rodajas finas en forma de media luna. Coloque las rodajas de guayaba y de papaya a lo largo de la bandeja junto con el resto de las frutas.

6. Pele los lichis y quíteles la semilla por el extremo del tallo usando la punta redondeada de un pelador de patatas. Tire las semillas y coloque las frutas en la fuente.

7. Pele la piña y quítele los ojos a la pulpa; córtela en rodajas y sáquele también el corazón con un cuchillo afilado. Córtela en trozos pequeños y coloque en la fuente.

8. Pele el mango y corte la pulpa en tiras; tire el hueso.

9. Parta las uvas por la mitad y póngalas en la fuente junto con el resto de las frutas, alternando el mango y las uvas.

10. Pele el melón, pártalo por la mitad y quítele las semillas. Corte en rodajas pequeñas.

11. Corte rodajas pequeñas de sandía sin quitarle la corteza ni las semillas. Fíjese que sean del mismo tamaño que las rodajas de melón. Coloque las rodajas de melón en un lado de la fuente y decore con el kiwi restante.

12. Mezcle el zumo de limón, el zumo de naranja y las nueces picadas y riegue este aderezo sobre las frutas. Tape con papel adherente y deje enfriar en la nevera antes de servir.

Paso 6 Saque las semillas de los lichis por el extremo del tallo con la punta redondeada de un pelador de patatas.

Notas del chef

Tiempo
La preparación requiere aproximadamente 30 minutos, más el tiempo de refrigeración.

Preparación
Pueden utilizarse lichis, piña, kiwis y mangos en conserva en lugar de las frutas frescas de esta receta, pero asegúrese de que hayan sido enlatados en su jugo natural, el cual debe escurrir antes de prepararlos.

Variante
Utilice cualquier selección de sus frutas favoritas.

PARA 4 PERSONAS
63 calorías por ración

YOGUR HELADO DE FRESAS

En una dieta baja en calorías los helados están prohibidos, pero cuando se preparan con yogur desnatado y con frutas frescas, es un placer tomarlos.

225 g de fresas frescas
3 dl de yogur desnatado
2 1/2 c/ditas de gelatina
2 1/2 c/das de agua hirviendo
1 clara de huevo
Edulcorante líquido al gusto
Algunas fresas frescas para decorar

1. Retire y deseche los tallos y las hojas verdes de la parte superior de las fresas. Corte en trozos grandes.

2. Coloque las fresas en una batidora o en un procesador de alimentos junto con el yogur, hasta que quede en crema.

3. Espolvoree la gelatina en el agua hirviendo en un tazón pequeño. Métalo dentro de un tazón más grande lleno hasta la mitad de agua hirviendo.

4. Deje reposar la gelatina sin removerla, hasta que se haya disuelto y el líquido esté transparente.

5. Vierta la mezcla de fresas en otro tazón y agregue la gelatina disuelta, removiendo para que se mezclen bien. Coloque el tazón en el congelador y déjelo hasta que se forme hielo en las orillas.

6. Saque el tazón del congelador y bata la mezcla hasta que esté cremosa; vuelva a congelar de la misma manera.

7. Saque el tazón del congelador por segunda vez y bata con una batidora eléctrica hasta que ablande. Bata la clara de huevo a punto de nieve.

Paso 2 Coloque las fresas y el yogur en una batidora o en un procesador de alimentos y bata hasta que quede en crema.

Paso 5 Saque la mezcla de fresa del congelador cuando empiece a endurecer y a formarse hielo en las orillas.

8. Incorpore la clara batida a la mezcla de fresa parcialmente congelada, levantando y cortando la mezcla para que no se endurezca.

9. Endulce al gusto con el edulcorante líquido, vierta el helado de fresa en un cuenco y congele.

10. Saque el helado del congelador 10 minutos antes de servirlo.

11. Sirva en platos individuales y adorne con algunas fresas.

Notas del chef

Tiempo
La preparación requiere aproximadamente 15 minutos, más el tiempo de congelación.

Sugerencia
Utilice fresas congeladas o en conserva en lugar de fresas frescas, pero escúrralas muy bien antes de usarlas.

Variante
Utilice cualquier fruta blanda en lugar de las fresas. Antes de agregar moras, grosellas o frambuesas al yogur, páselas por un tamiz para quitarles las semillas y formar un puré.

PARA 4 PERSONAS
125 calorías por ración

SORBETE DE MANGO

Este delicioso sorbete frío puede utilizarse como postre o para refrescar el paladar entre platos fuertes de una comida baja en calorías.

3 mangos
Zumo de 1/2 limón
1 dl de vino blanco seco
1 dl de agua mineral
1 clara de huevo
Edulcorante líquido al gusto (opcional)

1. Pele los mangos y quíteles la pulpa alrededor del hueso.

2. Coloque la pulpa de los mangos en la batidora o en el procesador de alimentos y bata hasta que esté homogénea.

3. Mezcle en un tazón el zumo de limón, el vino y el agua mineral, agregue el puré de mango y revuelva bien.

Paso 2 Coloque la pulpa de los mangos en una batidora o en un procesador de alimentos y bata hasta que tome consistencia de puré.

4. Coloque el puré de mango en el congelador y déjelo hasta que se empiecen a endurecer las orillas.

5. Rompa el hielo de la mezcla de mango con un tenedor.

6. Bata la clara de huevo hasta que endurezca, remueva con cuidado hasta que se incorpore perfectamente con la mezcla de mango. Si hace falta, utilice un edulcorante líquido para endulzar.

7. Vuelva a colocar la mezcla de mango al congelador y déjelo hasta que endurezca completamente.

8. Saque del congelador 10 minutos antes de servir y póngalo en copas individuales.

Paso 5 Utilice un tenedor para desmenuzar los cristales de hielo que se forman en la mezcla de mango.

Notas del chef

Tiempo
La preparación requiere aproximadamente 15 minutos, más el tiempo de congelación.

Variante
Sustituya el mango por cualquier fruta de su predilección.

Para servir
Acompáñese con fruta fresca.

COCINA FÁCIL Y LIGERA

SIN AZÚCAR

UNA DULCE ALTERNATIVA

SIN AZÚCAR

Introducción

Hoy en día, cada vez somos más conscientes de la importancia de la salud y con ello de las desventajas de una dieta con un alto contenido en azúcar, cuyos resultados más obvios son los crecientes niveles de obesidad y el deterioro de los dientes. En la actualidad, en dos semanas se consume la cantidad de azúcar que hace dos siglos se ingería en un año y, puesto que llevamos una vida más sedentaria, necesitamos menos energía que nuestros antepasados.

Hay varias interpretaciones equivocadas acerca de las propiedades del azúcar, pues, al contrario de lo que muchas personas creen, el azúcar no contiene nutrientes y en todos sus tipos, ya sea blanca, morena, en forma de miel o sirope de arce, la cantidad de calorías que aporta es la misma. El azúcar, o sucrosa, para llamarla por su nombre técnico, es un carbohidrato complejo formado por dos azúcares simples. El primero; fructuosa, es el más dulce y se encuentra de manera natural en las frutas. El segundo; glucosa, es producido por el cuerpo durante la digestión de vegetales y verduras. Todos los azúcares se digieren de la misma forma: el azúcar se descompone en glucosa y ésta viaja por el torrente sanguíneo como energía que, si no es utilizada como tal, se almacena como reserva de grasa.

Al comer alimentos que contienen azúcar natural, podemos educar nuestro paladar a apreciar estos en lugar de los alimentos endulzados en exceso. La masticación adicional que requieren aumenta la producción de saliva y ésta limpia la película de azúcar que se adhiere a los dientes ayudando a evitar su deterioro. Puesto que se requiere más tiempo para digerirlos, nuestro cuerpo no experimentará los cortos y artificiales "niveles altos" que producen los azúcares refinados.

Desafortunadamente, no es posible dejar de utilizar el azúcar en nuestras recetas, pues en algunos casos es vital para la conservación o estructura de los platos. Sin embargo, al disminuir paulatinamente nuestro consumo de azúcar y evitar los alimentos preparados que la contienen, se da un gran paso hacia una dieta más saludable. Además, al ingerir alimentos con azúcar natural que contienen fructosa, como las fresas, no sólo se reduce el consumo de calorías, sino que también se obtienen beneficios nutricionales al incluir en nuestra dieta vitaminas y fibras.

Cambiar a una dieta más saludable no significa sacrificar el sabor, sino sustituir el azúcar refinado por azúcares naturales y frutas dulces. Las recetas que aparecen en este libro hacen justamente esto, al proporcionar una amplia selección de platos nutritivos ¡qué además son deliciosos!

PARA 10 A 12 BOLLOS

PASTELES DE FRUTA

Los pastelitos de fruta siempre son apetecibles y no requieren azúcar si llevan mucha fruta.

225 g de harina
1 1/4 c/ditas de crémor tártaro
3/4 c/dita de bicarbonato
1/3 c/dita de sal
45 g de mantequilla
75 g de pasas claras
15 g de pipas de girasol
15 g de raíz de jengibre fresco
2 huevos
Leche adicional para batir
Huevo batido para pincelar

Paso 2 Mezcle la mantequilla con la harina hasta que tenga apariencia de pan rallado.

1. Tamice dos veces la harina, el cremor tártaro, el bicarbonato y la sal para que se aireen bien.

2. Coloque la mezcla de harina en un bol grande y mezcle con la mantequilla hasta que tenga apariencia de pan rallado.

3. Agregue las pasas claras y las pipas de girasol, mezcle bien.

Paso 9 Extienda la pasta hasta que quede de poco más de 1 cm de grueso.

4. Pele el jengibre y córtelo en trozos muy pequeños o rállelo.

5. Triture el jengibre en un mortero hasta formar una pasta.

6. Coloque el jengibre en un tazón pequeño junto con los huevos y bata muy bien con un tenedor.

7. Incorpore esta mezcla a la harina con pasas y amase hasta formar una pasta firme y suave; si queda dura, agregue un poco de leche.

8. Enharine ligeramente una superficie plana, coloque encima la pasta y amásela ligeramente hasta que quede homogénea.

9. Extienda con un rodillo hasta que quede de poco más de 1 cm de grueso.

10. Corte la pasta en círculos de 5 cm de diámetro con un molde para pasteles.

11. Coloque los pastelitos en una bandeja para galletas y píntelos con el huevo batido. Caliente previamente el horno a 205 °C y hornee de 10 a 15 minutos, o hasta que se doren.

Notas del chef

Tiempo
La preparación requiere aproximadamente 15 minutos y tardan de 10 a 15 minutos en hornearse.

Preparación
No aplane mucho la pasta, pues de quedar muy delgada los bollos no subirán como es debido.

Variante
En lugar de pasas y pipas de girasol puede utilizar otra combinación de frutas secas y nueces.

PARA 6 A 8 PERSONAS

PASTEL DE FRUTAS SIN AZÚCAR

En esta receta, rica en azúcares naturales de las frutas secas, no hay necesidad de utilizar azúcar.

560 g de harina
3/4 c/dita de bicarbonato
1 1/4 c/ditas de mezcla de especias
1 1/4 c/ditas de nuez moscada en polvo
225 g de mantequilla
340 g de pasas
225 g de pasas de Corinto
340 g de pasas claras
125 g de corteza rallada de diferentes frutas
3 dl de cerveza clara u oscura
3 huevos

1. Tamice la harina junto con el bicarbonato, la mezcla de especias y la nuez moscada a un bol grande.

Paso 9 La pasta debe verterse fácilmente en el molde preparado, pero sin ser muy líquida, para que no se escurra alrededor del papel que forra el molde.

2. Corte la mantequilla en dados pequeños y mézclela con los dedos a la harina hasta que parezca pan rallado.

3. Agregue toda la fruta y remueva hasta que quede homogénea.

4. Forme un hueco en el centro de la pasta.

5. Revuelva la cerveza con los huevos en un plato hondo o un bol y bata hasta obtener una mezcla espumosa.

6. Vierta la mezcla de huevo con cerveza en el centro del hueco de la harina.

7. Forme una pasta homogénea usando una espátula.

8. Engrase un molde para pastel de 22,5 cm de diámetro y fórrelo con papel encerado.

9. Caliente previamente el horno a 165 °C. Vierta la pasta del pastel en el molde y hornee durante 2 horas. Si el pastel se está haciendo muy rápidamente, después de una hora puede bajar la temperatura a 135 °C.

10. Para saber si el pastel está listo, inserte un palillo, y si sale limpio, es señal de ya está cocido. Déle la vuelta en una rejilla de metal; quítele el papel encerado y deje que se enfríe completamente antes de guardarlo en un recipiente hermético por 2 a 3 días antes de servir.

Notas del chef

Tiempo
La preparación requiere aproximadamente 30 minutos y tarda 2 horas en hornearse.

Variante
Use harina integral en lugar de harina refinada; sidra en lugar de cerveza y manzana rallada en lugar de ralladura de corteza de diferentes frutas.

Preparación
Si el pastel se está haciendo muy rápido, los bordes se doran y el centro sube en forma cónica. Si esto sucede, baje la temperatura del horno y tape el pastel con papel de aluminio para evitar que se dore más.

Sugerencia
El sabor de este pastel mejora si se guarda durante algunos días en un recipiente hermético.

Congelación
Este pastel puede congelarse muy bien hasta por 3 meses.

PARA 10 TRUFAS

TRUFAS DE FRUTA

Estos pastelitos quedan bastante dulces gracias a los plátanos frescos.

---

2 plátanos
Ralladura de 1 naranja
Zumo de 1/2 naranja
150 g de almendras trituradas
30 g de almendras peladas
1 1/4 c/das de cacao

---

1. Triture los plátanos en un bol o páselos por un pasapurés hasta formar una pasta homogénea.

2. Agregue la ralladura y el zumo de naranja.

3. Mezcle las almendras trituradas y revuelva bien. Enfríe la mezcla en la nevera aproximadamente 30 minutos.

4. Pique finamente las almendras peladas usando un cuchillo afilado.

5. Mezcle las almendras picadas con el cacao en polvo en un plato plano.

6. Saque la mezcla de plátano de la nevera y divida en 10 raciones.

Paso 1 Forme una pasta homogénea con la pulpa de los plátanos.

Paso 7 Con las manos enharinadas, forme 10 bolitas del mismo tamaño con la mezcla de plátanos.

Paso 8 Cubra las bolitas de plátano con la mezcla de cacao y almendras, presionando ligeramente para que se cubran bien.

7. Con las manos ligeramente enharinadas, forme una bola pequeña con cada ración.

8. Cubra las bolas con la mezcla de cacao y almendras de modo que se cubran uniformemente. Presione ligeramente antes de ponerlas en moldecitos de papel y vuelva a enfriar en la nevera.

Notas del chef

Tiempo
La preparación requiere aproximadamente 25 minutos, más el tiempo de refrigeración.

Sugerencias
No guarde por mucho tiempo estos dulces, pues el plátano se oscurece y humedece.

Variante
Use nueces en lugar de almendras.

PARA 1 KG

PURÉ AGRIDULCE DE COCO

Este condimento poco usual es un agradable cambio que puede sustituir a las salsas de frutas más comunes.

2 cocos frescos
1 raíz de jengibre de 1 cm
2 guindillas verdes
1 1/4 c/ditas de semillas de comino
5 c/das de hojas de cilantro fresco finamente picadas
3 3/4 c/das de zumo de limón
3/4 c/dita de sal

1. Parta los cocos por la mitad y reserve la leche.

2. Saque la pulpa del interior de las cortezas y quítele la capa marrón.

3. Corte los cocos ya pelados en trozos pequeños.

4. Pele la raíz de jengibre y píquela o rállela finamente.

5. Parta las guindillas verdes por la mitad, tire las semillas y pique finamente la pulpa restante.

Paso 2 Quítele la capa marrón a los cocos con un cuchillo afilado.

6. Coloque los cocos, el jengibre, las guindillas, las semillas de comino, el cilantro, el zumo de limón y la sal en una batidora o procesador de alimentos y añada leche de coco suficiente para que la mezcla adquiera una consistencia cremosa y espesa.

7. Vierta la mezcla en recipientes con tapas herméticas.

8. Manténgalo en la nevera y úselo durante las 2 ó 3 semanas siguientes.

Paso 4 Pique o ralle finamente la raíz de jengibre pelada.

Paso 6 Coloque los ingredientes del puré junto con la leche de coco en una batidora o un procesador de alimentos hasta que quede espeso y cremoso.

Notas del chef

Tiempo
La preparación requiere aproximadamente 20 minutos.

Congelación
Esta pasta congela bien.

Preparación
Si no tiene batidora o procesador de alimentos, puede rallar todos los ingredientes pero no obtendrá una textura tan suave.

Para servir
Este condimento es delicioso para acompañar carnes frías, platos al curry o en sándwiches.

PARA APROXIMADAMENTE 2 KG

CHUTNEY DE FRUTAS

Si utiliza frutas en conserva, podrá preparar este delicioso chutney en cualquier época del año.

425 g de ciruelas frescas
425 g de peras en conserva en su jugo natural
425 g de rodajas de melocotón en conserva en su zumo natural
350 g de piña en trozos en conserva en su zumo natural
225 g de ciruelas pasas en conserva en su zumo natural
4 manzanas
125 g de dátiles frescos deshuesados
125 g de albaricoques secos para consumo inmediato
1 raíz de jengibre de 2,5 cm, pelada en rodajas finas
125 g de almendras peladas
125 g de anacardos
5 c/das de vinagre de malta
3/4 c/dita de clavo en polvo
1 1/4 c/ditas de chile en polvo
1 ramita de canela de 5 cm
2 plátanos pelados y cortados en rodajas

1. Retire los huesos a las ciruelas frescas y corte la pulpa en tiras a lo largo.

2. Escurra el zumo de las frutas en conserva y reserve. Corte las frutas en tiras largas.

Paso 1 Corte las ciruelas por la mitad y quíteles los huesos con cuidado. Corte la pulpa en tiras largas.

3. Corte las manzanas en cuatro partes y quíteles los corazones, pero no las pele.

4. Corte finamente las manzanas y mézclelas con las otras frutas picadas en una cazuela grande.

5. Pique finamente los dátiles y los albaricoques secos, agréguelos a las otras frutas en la cazuela junto con los demás ingredientes, excepto los zumos que reservó.

6. Vierta sólo zumo suficiente para cubrir las frutas.

7. Tape la cazuela y deje que empiece a hervir. Baje la temperatura y deje hervir de 15 a 20 minutos.

8. Retire la tapa y remueva bien. Añada un poco más de zumo si es necesario y deje 10 minutos más al fuego, sin taparlo y removiendo ocasionalmente para evitar que se queme.

9. Cuando espese y la mayor parte del líquido se haya evaporado, vierta en frascos de vidrio esterilizados. Cubra con papel encerado y una tapa que ajuste bien; se puede guardar en la nevera hasta por 3 meses.

Paso 9 Cuando esté listo, el chutney debe estar espeso y la mayor parte del líquido debe haberse evaporado.

Notas del chef

Tiempo
La preparación requiere aproximadamente 15 minutos y tarda 30 minutos en cocerse.

Para servir
Acompañe carnes frías y quesos con este chutney; prepare sándwiches de chutney.

Sugerencias
Remueva ocasionalmente el chutney mientras se cuece, para evitar que se pegue al fondo de la cazuela.

Variante
Si no consigue ciruelas frescas, sustitúyalas por mangos o albaricoques.

Congelación
Este plato congela bien.

PARA APROXIMADAMENTE 1 KG

COMPOTA DE FRUTAS SIN AZÚCAR

Para preparar este plato no se utiliza azúcar refinada ni grasa, por lo cual es muy saludable.

3 manzanas rojas grandes
225 g de pasas
225 g de pasas de Corinto
225 g de pasas claras
125 g de dátiles frescos
60 g de almendras blanqueadas
1,5 dl de brandy o jerez

Paso 1 Parta las manzanas en cuatro partes, deseche el corazón y corte la pulpa en trozos grandes.

1. Parta las manzanas en cuatro partes, deseche los corazones y corte la pulpa en trozos grandes.

2. Bata finamente las manzanas en una batidora o un procesador de alimentos, junto con todas las pasas; cambie a un bol grande.

3. Retire los huesos de los dátiles con mucho cuidado y páselos junto con las almendras y el brandy o jerez en una batidora o procesador de alimentos. Bata hasta que los dátiles y las nueces estén finamente picados.

Paso 3 Mezcle los dátiles sin huesos junto con las almendras y el brandy o jerez hasta que estén finamente picados.

Paso 4 Remueva bien la mezcla de dátiles con las frutas picadas de modo que quede una combinación homogénea.

4. Remueva uniformemente la mezcla de dátiles con las frutas secas y las manzanas.

5. Reparta la mezcla en 2 ó 3 frascos de vidrio esterilizados; tape y deje reposar hasta 3 semanas antes de servirlo.

Notas del chef

Tiempo
La preparación requiere aproximadamente 20 minutos.

Para servir
Utilícelo para endulzar en forma natural tartas de manzana o de otras frutas.

Congelación
Esta combinación de frutas se puede congelar y cuando la descongele, revuelva bien para distribuir uniformemente el alcohol.

PARA 5 DL

SALSA DE CHOCOLATE Y MANTEQUILLA

El chocolate sin azúcar (para diabéticos) que se utiliza en esta receta se consigue fácilmente en muchos herbolarios y tiendas de productos dietéticos.

225 g de chocolate sin azúcar triturado
2,5 dl de agua
100 g de mantequilla en trozos pequeños
1 1/4 c/das de brandy o cognac

Paso 1 Derrita el chocolate en el agua a fuego lento y remueva continuamente hasta que el chocolate se derrita.

1. Coloque el chocolate y el agua en una cazuela y caliente a fuego lento, removiendo hasta que el chocolate se derrita.

2. Retire el chocolate derretido del fuego y añada la mantequilla trozo por trozo, removiendo hasta que quede una mezcla espesa y brillante.

3. Mezcle el brandy a la salsa de mantequilla y bata; vierta en una fuente para llevar a la mesa. Esta salsa se sirve fría o caliente.

Paso 2 Agregue la mantequilla al chocolate derretido, trozo por trozo, removiendo hasta que se disuelva.

Paso 3 Agregue el brandy a la salsa, batiendo hasta que quede espesa y brillante.

Notas del chef

Tiempo
La preparación requiere aproximadamente 5 minutos y tarda 10 minutos en cocerse.

Preparación
Una vez derretido el chocolate con el agua, debe quedar una mezcla sin grumos.

Para servir
Sirva con frutas frescas o con crêpes.

Atención
No derrita el chocolate en el agua a fuego alto, pues la mezcla se puede cuajar.

PARA 2,5 DL

SALSA DE MOKA

Esta salsa de café y chocolate adquiere su sabor dulce del delicioso y aromático puré de albaricoque.

125 g de chocolate sin azúcar
3 3/4 c/das de café muy concentrado
1 dl de nata líquida fresca
1 dl de Puré de Albaricoque Espeso
(ver receta en la página 238)

Paso 2 Derrita el chocolate junto con el café en un bol al baño María.

1. Ralle el chocolate en trozos pequeños, utilizando un cuchillo afilado.

Paso 3 Remueva muy bien la nata con la mezcla de chocolate y café para que quede una mezcla homogénea.

2. Coloque el chocolate y el café en un bol grande dentro de una cazuela que contenga agua hirviendo. Retire la cazuela con el tazón del fuego y remueva el chocolate ligeramente hasta que se derrita.

3. Agregue la nata al chocolate derretido y remueva para que quede una mezcla homogénea.

4. Añádale el puré de albaricoque, páselo a una fuente para servir y enfríe en la nevera.

Notas del chef

Tiempo
La preparación requiere aproximadamente 5 minutos y tarda 15 minutos en derretirse.

Para servir
Esta salsa deliciosa se sirve con frutas o con crêpes.

Atención
Tenga mucho cuidado de no cocinar demasiado aprisa el chocolate con el café caliente, porque el chocolate se separa y forma grumos.

PARA APROXIMADAMENTE 3 DL

PURÉ DE ALBARICOQUE

Esta salsa deliciosa de sabor fuerte se prepara con albaricoques en conserva en su jugo natural, por lo que se aprovecha el dulce natural de los azúcares de las frutas.

425 g de albaricoques en conserva en mitades
en su zumo natural
Zumo y ralladura de 1 limón verde
2 1/2 c/das de licor de albaricoque (opcional)

1. Coloque los albaricoques en su zumo en una batidora o en un procesador de alimentos y bata hasta que queden con consistencia de puré.

2. Coloque el puré en una cazuela pequeña.

3. Agregue el zumo y la ralladura del limón, remueva y caliente a fuego lento hasta que empiece a hervir.

Paso 1 Coloque los albaricoques en una batidora o procesador de alimentos y bata hasta que queden con consistencia de puré.

Paso 3 Mezcle bien el zumo de limón y la ralladura con el puré de albaricoques.

Paso 4 Cueza la mezcla de albaricoques a fuego lento hasta que la salsa espese y el líquido se haya evaporado.

4. Deje hervir a fuego lento hasta que la salsa espese y el líquido se consuma.

5. Enfríe el puré en la nevera hasta que lo necesite y sírvalo después de incorporarle el licor de albaricoque.

Notas del chef

Tiempo
La preparación requiere 2 minutos y la cocción 5 minutos.

Variante
Puede usar peras o ciruelas en conserva en lugar de albaricoques.

Para servir
Sirva con crêpes o con frutas frescas.

PARA 10 A 12 PERSONAS

SALSA DE MANZANAS

Esta salsa es sumamente versátil y puede utilizarse como acompañamiento para carnes o pescados, o bien incluirse como ingrediente de postres.

900 g de manzanas
3 dl de zumo de manzana
1/3 c/dita de clavo en polvo
Ralladura de 1/2 naranja

Paso 1 Lave las manzanas y quíteles cualquier magulladura o parte descolorida.

Paso 2 Cueza las manzanas en el zumo hasta que el líquido se consuma y la fruta esté blanda.

1. Lave las manzanas y deseche cualquier magulladura o parte descolorida. Córtelas en trozos grandes.

2. Coloque las manzanas picadas en una cazuela grande junto con el zumo de manzana, el clavo en polvo y la ralladura de naranja. Deje que empiece a hervir y cocine a fuego lento hasta que la mayor parte del líquido se consuma y las manzanas estén blandas.

3. Deje enfriar las manzanas cocidas.

4. Pase las manzanas cocidas ya frías por un tamiz de nylon y presione con la parte posterior de una cuchara de madera para separar cortezas, semillas y corazones.

5. Coloque el puré de manzana en frascos de vidrio y congele o almacene hasta que lo necesite.

6. Sirva adornado con una ramita de menta.

Paso 4 Pase las manzanas cocidas ya frías por un tamiz de nylon, presionando con la parte posterior de una cuchara de madera para obtener un puré y separar los corazones, las semillas y las cortezas.

Notas del chef

Tiempo
La preparación requiere aproximadamente 30 minutos y tarda más o menos 20 minutos en cocerse.

Preparación
Si lo prefiere, puede poner las manzanas cocidas en una batidora antes de colarlas para separar la corteza y los corazones.

Variante
Puede utilizar canela en lugar de clavo.

Congelación
Esta salsa se puede congelar hasta por 4 meses.

PARA 10 A 12 CRÊPES

Crêpes

Estas crepês son deliciosas tanto con salsas dulces como de sabor fuerte.

125 g de harina
Una pizca de sal
1 huevo
3 dl de leche
1 1/4 c/ditas de aceite de girasol
Zumo y corteza de un limón y una naranja

1. Tamice la harina y la sal en un bol grande. Forme un hueco en el centro empujando la harina hacia las orillas.

2. Mezcle bien el huevo y la leche en un bol.

3. Vierta un poco de la mezcla de huevo y leche en el hueco y revuelva gradualmente con la harina, incorporando desde las orillas hacia el centro.

4. Continúe añadiendo la mezcla de huevo y bata hasta que se incorpore toda la harina.

5. Caliente un poco de aceite en una sartén y vierta pasta suficiente para preparar una crêpe fina.

6. Incline rápidamente la sartén para que la pasta se extienda uniformemente hacia las orillas, cubriendo bien el fondo de la sartén.

7. Cocine la crêpe a fuego medio hasta que se dore ligeramente la parte que está en contacto con la sartén y la parte superior cuaje.

8. Déle la vuelta cuidadosamente y dore el otro lado.

9. Colocar las crêpes de una en una sobre papel encerado conservándolas calientes hasta que las sirva.

10. Sírvalas calientes con zumo de naranja y limón recién exprimido y adorne con tiritas de las cortezas.

Paso 1 Empuje suavemente la harina hacia los lados del bol para formar un hueco en el centro.

Paso 3 Añada poco a poco la mezcla de huevo y leche, removiendo desde el centro del tazón e incorporando la harina con el líquido.

Paso 6 Mueva rápidamente la sartén con movimientos giratorios para que la pasta forme una capa delgada en el fondo.

Notas del chef

Tiempo
La preparación requiere aproximadamente 10 minutos y lleva más o menos 20 minutos hacer todas las crêpes.

Atención
No caliente demasiado la sartén o se quemarán las crêpes de un lado antes de que la parte superior cuaje. Tampoco les de la vuelta antes de que estén bien hechas en la parte inferior.

Congelación
Puede preparar grandes cantidades de crêpes y congelarlas hasta que los necesite.

PARA 2 PUDINES DE 1,2 L CADA UNO

PUDÍN DE CIRUELA

Cuando se piensa en pudín de ciruela, viene a la mente la idea de algo demasiado dulce y pesado. Esta receta sin azúcar le sorprenderá.

450 g de frutas secas mixtas
180 g de pasas sin semillas
180 g de dátiles sin hueso
180 g de ciruelas pasas sin huesos
45 g de almendras peladas y picadas
180 g de miga de pan blanco fresco
180 g de manteca en trozos
180 g de harina de trigo
1/2 c/dita de nuez moscada en polvo
3/4 c/dita de canela en polvo
1/4 c/dita de sal
1 zanahoria rallada
1 manzana rallada
Zumo y ralladura de 1 naranja
1,5 dl de brandy o cerveza oscura
1 huevo

1. Pique finamente toda las frutas en un picador o en un procesador de alimentos.

2. Coloque las frutas picadas en un tazón grande, añada el resto de los ingredientes y revuelva bien.

Paso 2 Mezcle las frutas picadas con el resto de los ingredientes en un bol grande y revuelva muy bien.

3. Engrase 2 fuentes para pudín con capacidad de 1,2 litro cada una y llénelas con cantidades iguales de la mezcla.

4. Tape las fuentes con papel encerado untado con mantequilla.

5. Haga una tapa con una hoja grande de papel de aluminio plegándola en el centro. Ate estas tapas a cada fuente.

6. Coloque las fuentes sobre platos o soportes dentro de una cazuela grande cada una.

7. Añada suficiente agua hirviendo a las cazuelas para que cubra las dos terceras partes de las fuentes.

8. Tape las cazuelas y deje hervir al baño María de 4 a 5 horas, agregando agua conforme se evapora para mantener el mismo nivel.

9. Saque las fuentes del agua y quíteles el papel que las cubre.

10. Coloque una bandeja o fuente sobre cada molde; déle la vuelta al pudín y sacuda ligeramente para desprenderlo y que se deslice hacia la bandeja.

11. Si lo desea puede flamearlo con brandy o cognac.

Paso 5 Tape el pudín con una hoja de papel de aluminio plegada y ate firmemente antes de poner a hervir.

Notas del chef

Tiempo
La preparación requiere aproximadamente 30 minutos y tarda más o menos 5 horas en cocerse.

Para servir
Póngale mantequilla al brandy o nata fresca.

Preparación
Este pudín se prepara con 3 meses de anticipación, para que al comerlo esté en su punto óptimo.

Sugerencias
Este pudín se puede guardar hasta por un año. Para calentarlo antes de utilizarlo, póngalo en una cazuela con agua hirviendo y cueza al baño María durante 3 horas.

PARA 4 A 6 PERSONAS

SORBETE DE COCO

El dulce natural de la leche de coco y el ron se mezclan maravillosamente para obtener un rico sorbete con sabor del Caribe.

4 dl de leche de coco
6 c/das de agua mineral
6 c/das de ron oscuro
Edulcorante líquido al gusto (opcional)
2 claras de huevo
2 plátanos en rodajas finas untadas con zumo de limón y coco rallado, para decorar

1. Mezcle la leche de coco con el agua mineral, el ron y el edulcorante líquido al gusto. Vierta en una fuente grande para congelar y póngalo en el congelador 1 hora o hasta que los bordes comiencen a cristalizar.

2. Con un tenedor, rompa los cristales hasta formar una nieve floja. Una vez que no quedan cristales gruesos en la mezcla, coloque nuevamente en el congelador durante 1 hora más.

3. Saque del congelador y rompa los cristales con un tenedor como en el paso anterior hasta formar una nieve mas espesa. Coloque nuevamente en el congelador mientras bate las claras de huevo.

4. Bata las claras a punto de nieve.

5. Saque la mezcla de coco del congelador y asegúrese de que su consistencia permite que se revuelva con facilidad.

6. Incorpore con cuidado las claras batidas al preparado de coco y mezcle uniformemente.

7. Coloque el sorbete nuevamente en el congelador hasta que se endurezca por completo.

Paso 2 Con un tenedor, despegue los cristales de los bordes de la fuente para congelar, rómpalos y mezcle perfectamente para formar una nieve floja.

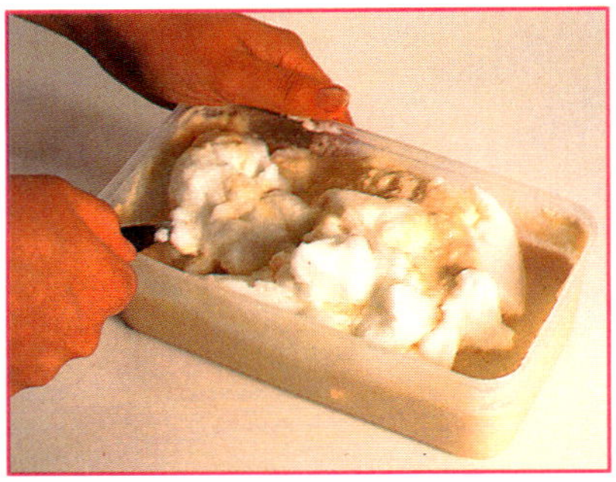

Paso 6 Mezcle en forma envolvente y uniforme las claras batidas a punto de nieve con el preparado de coco parcialmente congelado.

8. Saque del congelador 10 minutos antes de servir y pártalo en trozos grandes con un tenedor. Sirva varios trozos en cada plato individual y adorne con las rodajas de plátano y el coco rallado.

Notas del chef

Tiempo
La preparación requiere aproximadamente 20 minutos y tarda de 2 a 3 horas en congelarse.

Variante
Use zumo de piña en lugar de ron y sirva con rodajas de piña y coco rallado.

Preparación
Asegúrese de que los cristales de hielo no estén muy húmedos cuando les incorpore las claras, pues de ser así, la mezcla se separará al congelarse.

Sugerencias
Duplique las cantidades de este sorbete y guarde una parte como postre de reserva; puede congelarlo hasta por 3 meses.

PARA 4 A 6 PERSONAS

ENSALADA DE FRUTAS EXÓTICAS

Los mangos, excepcionalmente dulces cuando están maduros le dan a esta vistosa ensalada de frutas un sabor natural e incomparable.

3 melocotones maduros
3 kiwis
1 carambola grande (*)
125 g de fresas frescas
2 mangos maduros de aproximadamente 350 g cada uno
Zumo de medio limón
150 g de grosellas
Algunas hojas de fresas para decorar

Paso 5 Retire las partes oscuras de la piel de la carambola con un cuchillo afilado.

1. Ponga los melocotones en agua hirviendo durante unos segundos, después pélelos cuidadosamente con un cuchillo afilado.

2. Corte cuidadosamente los melocotones por la mitad y sáqueles el hueso.

3. Córtelos en rodajas finas y colóquelos en una fuente.

4. Pele los kiwis y córtelos transversalmente para que muestren su atractivo color.

Paso 9 Pase el puré por un tamiz de nylon presionando con una cuchara de madera, para separar la piel y las semillas de las grosellas.

5. Retire las partes oscuras de la piel de la carambola, corte la pulpa en rodajas finas y deseche las pequeñas semillas que encuentre.

6. Deje intactos los tallos verdes de las fresas y córtelas a lo largo. Coloque todas las frutas preparadas en la fuente donde puso los melocotones.

7. Pele los mangos y corte la pulpa alrededor del hueso.

8. Vierta la pulpa de mango en la batidora o procesador de alimentos junto con el zumo de limón y la mitad de las grosellas.

9. Mezcle hasta formar un puré suave y después pase por un tamiz de nylon para separar las semillas y la piel de las grosellas.

10. Extienda el resto de las grosellas sobre las frutas de la fuente, quitándoles los tallos duros y las hojas al hacerlo.

11. Vierta uniformemente el puré sobre la ensalada de frutas y enfríe por lo menos durante 1 hora antes de servir; adorne con las hojas de las fresas.

(*) La carambola puede encontrarse en tiendas de productos exóticos.

Notas del chef

Tiempo
La preparación requiere aproximadamente 25 minutos, más una hora para enfriarla.

Variante
Use la combinación de sus frutas favoritas en la ensalada de frutas, pero no cambie el puré de mango.

Preparación
Si no tiene batidora o procesador de alimentos, y si el mango está bien maduro, pase la pulpa de mango por un tamiz.

Sugerencias
Para ocasiones especiales, añada 3 cucharadas de ron al puré de mango para darle más sabor.

PARA 6 PERSONAS

SOUFFLÉ DE FRAMBUESAS

Este postre ligero es el final perfecto para una cena.

450 g de frambuesas
Edulcorante líquido al gusto
20 g de gelatina en polvo
1,5 de agua caliente
4 huevos separados
3 dl de nata líquida para montar

1. Ate una hoja de papel encerado ligeramente engrasado alrededor de un fuente para soufflé de 15 cm, dejando que sobresalga aproximadamente 10 cm del borde.

2. Aparte algunas frambuesas para adornar y ponga el resto en una batidora y bata hasta formar un puré.

3. Pase el puré a través de un tamiz de nylon para separar las semillas.

4. Endulce el puré con el edulcorante líquido y reserve.

5. Disuelva la gelatina en el agua caliente removiendo continuamente hasta que el líquido se aclare.

6. Deje enfriar la gelatina y después revuelva con el puré de frambuesas y las yemas de huevo hasta que todos los ingredientes queden perfectamente incorporados. Enfríe en la nevera hasta que cuaje parcialmente.

7. Bata las claras de huevo a punto de nieve.

8. Monte la mitad de la nata hasta que tenga consistencia firme.

9. Saque la mezcla de frambuesas parcialmente cuajada de la nevera e incorpórele la nata y las claras, batiendo ligeramente hasta que esté homogénea.

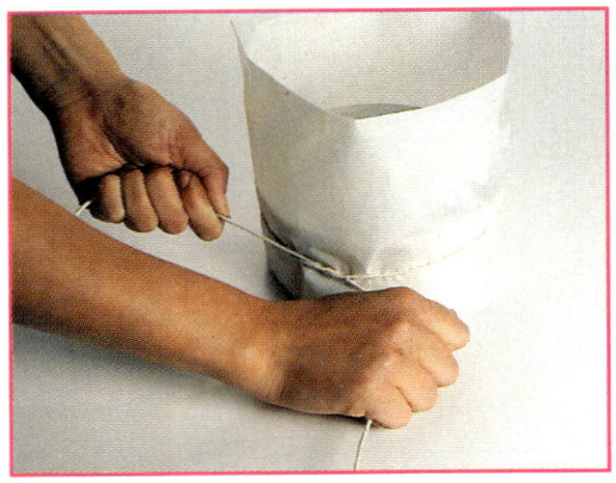

Paso 1 Ate una hoja de papel encerado engrasado alrededor de un fuente para soufflé, formando un collar que sobresalga del borde superior del mismo.

Paso 3 Pase el puré por un tamiz de nylon para separar las semillas.

10. Vierta el soufflé en el fuente que preparó dejando que sobresalga más o menos 2,5 cm del borde del mismo dentro del collar de papel encerado. Deje reposar en la nevera.

11. Cuando haya cuajado por completo, retire cuidadosamente el collar de papel y decore con el resto de la nata montada y las frambuesas que apartó.

Notas del chef

Tiempo
La preparación requiere aproximadamente 40 minutos, más el tiempo de refrigeración.

Atención
No agregue la gelatina al agua hirviendo, pues alterará sus características de cuajado.

Preparación
Tenga cuidado de no batir excesivamente la mezcla del soufflé cuando agregue las claras de huevo, o no subirá lo suficiente como para sobrepasar el borde del molde dentro del collar de papel.

Variante
Puede usar fresas o cualquier otra fruta fresca en lugar de frambuesas.

Congelación
Los soufflés ya fríos se congelan muy bien hasta por 6 semanas, pero se adornan una vez descongelados.

PARA 6 PERSONAS

HELADO DE FRUTAS DE LA PASIÓN

Los helados de fruta son más refrescantes si no se les agrega azúcar, pero si los prefiere un poco más dulces, utilice edulcorante líquido.

6 frutas de la pasión
3 dl de yogur
2 yemas de huevo
Edulcorante líquido al gusto (opcional)
1 ó 2 frutas de la pasión partidas por la mitad y vaciadas para adornar

Paso 1 Corte las 6 frutas por la mitad y saque la pulpa del centro con una cuchara pequeña; coloque la pulpa en un tazón.

Paso 2 Bata muy bien el yogur junto con las yemas y la pulpa de las frutas de la pasión.

Paso 4 Rompa el helado parcialmente congelado con un tenedor y bata hasta formar una nieve suave.

1. Parta por la mitad las 2 frutas de la pasión y saque la pulpa del centro con una cuchara; póngala en un bol.

2. Agregue el yogur y las yemas de huevo a la pulpa y bata bien; si lo desea, añádale edulcorante líquido.

3. Vierta la mezcla en una fuente poco profunda y congele hasta que cuaje parcialmente, aproximadamente 1 hora.

4. Rompa los cristales de hielo con un tenedor y bata hasta formar una nieve floja.

5. Congele nuevamente hasta que endurezca por completo.

6. Saque del congelador 10 minutos antes de servir y preséntelo en copas adornadas con la pulpa de las frutas de la pasión.

Notas del chef

Tiempo
La preparación requiere aproximadamente 20 minutos, más el tiempo de congelación.

Variante
Agregue 2 cucharadas de ron o brandy a la mezcla antes de congelarla.

Atención
Este helado endurece demasiado cuando se congela, por lo tanto, es importante sacarlo 10 minutos antes de servirlo.

PARA 4 PERSONAS

HIGOS RELLENOS

Los higos frescos se consiguen en la mayoría de supermercados y en las buenas fruterías. Cuando ya están maduros, toman un color entre morado y negro muy apetecible a la vista y son suaves al tacto.

4 higos grandes maduros
5 c/das de almendras trituradas
2 1/2 c/das de zumo de naranja
2 1/2 c/das de albaricoques secos finamente picados
5 c/das de yogur
Ralladura de 1/2 naranja
Higos cortados en gajos y hojas de menta o fresa para decorar

Paso 1 Haga un corte en forma de cruz en cada higo, teniendo cuidado de no cortarlo por completo.

1. Corte cada higo en cuatro partes con un cuchillo afilado teniendo cuidado de no cortarlos por completo.

2. Ábralos en forma de flor.

3. Mezcle las almendras trituradas, el zumo de naranja y los albaricoques picados en un bol pequeño.

4. Divida la mezcla en cuatro porciones y rellene los higos abiertos en flor.

Paso 2 Abra las cuatro secciones de los higos para darles forma de flor.

Paso 4 Divida la mezcla de almendras en cuatro porciones y rellene los higos.

5. Mezcle el yogur con la ralladura de naranja y añada un poco de agua o de zumo de naranja para hacer más fluida la salsa.

6. Coloque una cucharada de salsa en cada uno de cuatro platos individuales y coloque un higo en el centro. Adorne con más gajos de higo y las hojas de menta o fresa.

Notas del chef

Tiempo
La preparación requiere aproximadamente 25 minutos.

Variante
Puede usar melocotones en lugar de higos.

Atención
No añada mucha agua o zumo de naranja a la salsa, o resultará demasiado aguada.

PARA 4 A 6 PERSONAS

MOUSSE DE NARANJA Y ALBARICOQUES

Esta deliciosa mousse ligera es un postre ideal para cualquier comida.

2 naranjas
1,2 kg de albaricoques en conserva en su zumo natural, escurridos
Edulcorante líquido al gusto (opcional)
20 g de gelatina en polvo
1,5 dl de yogur
2 claras de huevo
Corteza de naranja adicional para decorar

1. Ralle finamente la corteza de media naranja.

2. Corte las naranjas por la mitad y exprímalas.

3. Coloque los albaricoques escurridos, el zumo de naranja, (excepto 3 cucharadas) la ralladura de naranja y el edulcorante, si lo fuera a utilizar, en una batidora y mezcle hasta obtener un puré suave. Vierta en un bol grande y reserve.

4. Vierta las 3 cucharadas de zumo de naranja en una cazuela y caliente sin que llegue a hervir.

5. Añada la gelatina al zumo de naranja caliente y deje reposar hasta que se disuelva completamente.

6. Revuelva la gelatina disuelta con el puré de albaricoques y el yogur, incorporando bien los ingredientes. Refrigere aproximadamente 30 minutos hasta que esté casi completamente cuajado.

7. Bata las claras de huevo a punto de nieve.

8. Mezcle en forma envolvente las claras con la gelatina parcialmente cuajada.

9. Sirva la mousse en copas y enfríe en la nevera hasta que cuaje completamente.

Paso 3 Bata el zumo de naranja, la ralladura y los albaricoques en una batidora hasta obtener un puré suave.

Paso 6 Deje enfriar la gelatina con el puré de frutas hasta que empiece a cuajar.

Paso 8 Añada en forma envolvente las claras de huevo a la gelatina preparada, teniendo cuidado de no remover en exceso para no perder el aire de las claras.

Notas del chef

Tiempo
La preparación requiere de 30 a 35 minutos, más el tiempo de refrigeración.

Variante
Use fresas o melocotones en lugar de albaricoques.

Para servir
Si lo desea, adorne con tiras anudadas de corteza de naranja y galletas crujientes.

PARA 6 PERSONAS

MANZANAS ENVUELTAS EN HOJALDRE

La pasta azucarada con canela y especias combinada con un delicioso relleno de frutas, hace que este postre caliente sea ideal para la época invernal.

340 g de harina
1/4 c/dita de sal
1/3 c/dita de canela en polvo
1/3 c/dita de nuez moscada en polvo
180 g de mantequilla
6 a 8 c/das de agua fría
6 manzanas medianas
6 ciruelas pasas sin huesos
6 albaricoques secos
2 1/2 c/das de pasas
1 huevo batido para pincelar
Nata fresca para servir
Menta fresca para servir

1. Tamice la harina, la sal y las especias en un bol grande.

2. Corte la mantequilla en dados y revuelva con la harina hasta que tenga la apariencia de pan rallado.

3. Añada agua suficiente para formar una pasta flexible.

4. Divida la pasta en 6 porciones y extiéndalas con el rodillo, formando cuadrados de aproximadamente 18 cm.

5. Pele las manzanas con un cuchillo afilado y quíteles los corazones.

6. Corte muy menudas las ciruelas pasas y los albaricoques y mezcle con las pasas.

7. Coloque una manzana pelada y sin corazón en el centro de cada cuadrado de pasta y rellene con igual cantidad de la mezcla de frutas secas.

Paso 8 Doble los extremos de los cuadrados de pasta hacia la parte superior de cada manzana y selle los bordes con un poco de agua.

8. Unte los extremos de cada cuadrado con un poco de agua y dóblelos hacia arriba envolviendo las manzanas. Selle muy bien los bordes con un poco de agua y corte el exceso de pasta para conseguir una buena presentación.

9. Aplane la pasta sobrante y corte trozos pequeños en forma de hojas para adornar las manzanas.

10. Con el huevo batido pincele la pasta y coloque las manzanas envueltas en una fuente para hornear ligeramente engrasada.

11. Caliente previamente el horno a 175 °C y hornee de 20 a 25 minutos o hasta que se doren.

12. Sírvalas calientes con nata fresca y ramitas de menta.

Notas del chef

Tiempo
La preparación requiere aproximadamente 30 minutos y tarda de 20 a 25 minutos en hornearse.

Sugerencias
Para preparar una pasta todavía más sabrosa, use 1 yema de huevo y la mitad de agua.

Variante
Puede utilizar peras en lugar de manzanas.

Congelación
Estas manzanas congelan bien después de hornearlas. Para servirlas, descongélelas y caliéntelas.

PARA 6 PERSONAS

Batido de almendras con yogur

Este batido de yogur sin azúcar tiene un sabor ligeramente salado, pero es muy refrescante.

4,5 dl de yogur
4 dl de agua
2 1/2 c/ditas de zumo de limón
2 1/2 c/das de almendras trituradas
1/4 c/dita de ramitas de azafrán
2 1/2 c/ditas de agua de rosas
1/4 c/dita de sal

1. Humedezca ligeramente el borde superior de 6 vasos para leche con un poco de agua o clara de huevo batida. Esparza sal en un plato y coloque los vasos boca abajo sobre esta capa con el borde húmedo para escarcharlos.

2. En una batidora o procesador de alimentos bata el yogur, el agua, el zumo de limón, las almendras, el azafrán y el agua de rosas.

3. Añada el resto de agua y la sal.

4. Mida 6 dl de cubitos de hielo.

Paso 1 Humedezca ligeramente los bordes de 6 vasos con un poco de agua o clara de huevo batida. Esparza una capa de sal en un plato y escarche los bordes húmedos de los vasos.

5. Vierta la mezcla de yogur en una jarra grande.

6. Ponga la mitad del hielo en la batidora y añada la mitad de la mezcla de yogur y las ramas de azafrán. Bata hasta formar una nieve espesa; repita el procedimiento con el resto del hielo y la mezcla de yogur. Sirva en los vasos escarchados.

Paso 2 En una batidora o procesador de alimentos bata el yogur, el agua, el zumo de limón, las almendras, el azafrán y el agua de rosas.

Paso 6 Bata la mitad del hielo con la mitad de la mezcla de yogur hasta formar una nieve suave.

Notas del chef

Tiempo
La preparación requiere 10 minutos.

Sugerencias
Si no tiene batidora ni procesador de alimentos, coloque el hielo en una bolsa de plástico y tritúrelo con un rodillo.

Variante
Puede sustituir el zumo de limón por el zumo de 1/2 naranja.

PARA 6 PERSONAS

BATIDO DE KIWI CON PIÑA

La limonada "light" es fácil de conseguir en los supermercados y le añade una picante efervescencia a esta bebida de frutas.

3 kiwis
2,5 dl de zumo de piña
1 limón
3 dl de yogur
Edulcorante líquido al gusto
4,5 dl de cubos de hielo
3 dl de limonada "light"
1 kiwi para decorar

Paso 1 En una batidora o procesador de alimentos, bata la pulpa junto con el zumo de piña hasta formar un puré homogéneo.

1. Pele cuidadosamente los kiwis y corte la pulpa en trozos grandes. En una batidora o procesador de alimentos, bata la pulpa junto con el zumo de piña hasta formar un puré homogéneo.

2. Ralle finamente la corteza de medio limón y exprímalo. Mezcle el zumo de limón y la ralladura con el yogur en una jarra grande, junto con la mezcla de kiwis y el edulcorante líquido.

3. Bata los cubitos de hielo y la mezcla de yogur de 15 a 30 segundos o hasta que se forme una nieve floja.

4. Divida esta mezcla en 6 vasos y añada a cada uno un poco de limonada; remueva con una cuchara larga para mezclar bien.

5. Corte el kiwi sin pelar en rodajas finas y haga un corte hasta la mitad de cada rebanada. Adorne cada vaso poniéndole una rebanada de kiwi en el borde.

Paso 2 Mezcle el zumo de limón y la ralladura con el yogur en una jarra grande, junto con la mezcla de kiwis y el edulcorante líquido.

Paso 3 Bata el hielo y la mezcla de yogur hasta obtener una nieve floja.

Notas del chef

Tiempo
La preparación requiere de 5 a 10 minutos.

Sugerencias
Para mejores resultados, no utilice yogur espeso en esta receta.

Variante
Use zumo de naranja en lugar de zumo de piña.

PAR 4 PERSONAS

BEBIDA SALUDABLE DE FRUTAS TROPICALES

Esta saludable bebida de frutas es ideal para el desayuno.

3 kiwis
2 nectarinas o melocotones maduros
2 rodajas de piña fresca
1 limón verde
3 dl de zumo de piña sin azúcar
1 kiwi o 1 limón verde para decorar

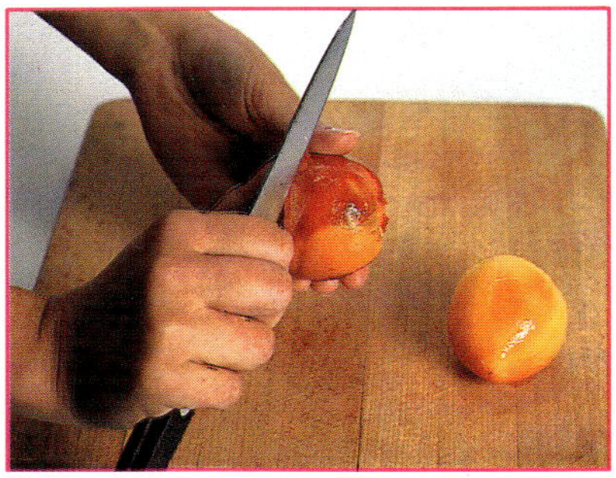

Paso 2 Pele cuidadosamente las nectarinas o los melocotones con un cuchillo afilado.

Paso 3 Corte los melocotones por la mitad y gire ligeramente las mitades para sacar los huesos.

Paso 5 En una batidora o procesador de alimentos bata las frutas y los zumos hasta que quede bien mezclado.

1. Pele con cuidado los kiwis y corte la pulpa en trozos grandes.

2. Ponga las nectarinas o los melocotones en agua hirviendo durante 30 segundos. Pélelos cuidadosamente con un cuchillo afilado.

3. Corte por la mitad las nectarinas o los melocotones y quíteles los huesos. Corte la pulpa y póngala junto con los kiwis en la batidora o en el procesador de alimentos.

4. Pele las rodajas de piña y córtelas en cuatro partes. Quíteles el corazón y coloque la pulpa en la batidora junto con los kiwis.

5. Exprima el limón y agréguelo a las frutas batidas junto con el zumo de piña. Bata muy bien y sirva en vasos individuales.

6. Adorne los bordes de los vasos con rodajas de kiwi o de limón sin pelar.

Notas del chef

Tiempo
La preparación requiere aproximadamente 10 minutos.

Variante
Añada 3 dl de limonada "light" para obtener una bebida de frutas más refrescante.

Para servir
Para un desayuno refrescante vierta esta bebida sobre el muesli.

PARA 4 A 6 PERSONAS

ZUMO DE MANGO CON ESPECIAS

Aunque se puede comprar zumo de mango ya preparado, es tan fácil hacerlo que vale la pena prepararlo en casa.

3 mangos maduros
2/3 c/dita de jengibre en polvo
2/3 c/dita de canela en polvo
3 dl de zumo de naranja sin azúcar
1 limón
1 naranja para adornar

1. Pele los mangos y corte la pulpa alrededor del hueso.

2. Vierta la pulpa de mango con las especias y el zumo de naranja en una batidora o en un procesador de alimentos hasta que estén bien mezclados.

3. Parta el limón y exprímalo.

4. Agregue el zumo de limón a su gusto al puré de mango.

5. Vierta el zumo de mango en vasos individuales.

6. Corte la naranja en rodajas finas para adornar los vasos.

Paso 1 Corte cuidadosamente la pulpa del mango a lo largo del hueso con un cuchillo afilado.

Paso 2 Vierta la pulpa de mango con las especias y el zumo de naranja en una batidora o en un procesador de alimentos hasta que se mezclen bien.

Notas del chef

Tiempo
La preparación requiere aproximadamente 15 minutos.

Sugerencias
Si le añade 1,5 dl de ron oscuro, tendrá un coctel poco común.

Variante
Para preparar una bebida más espesa y sustanciosa para el desayuno, agregue un plátano a la mezcla antes de batirla.

PARA 6 A 8 PERSONAS

CAFÉ ESPECIADO CON CARDAMOMO

Este café con especias es una bebida tradicional de los países árabes.

1 litro de agua
4,5 dl de leche
2 1/2 c/das de café tostado recién molido
Semillas trituradas de 4 cardamomos pequeños

1. Ponga a hervir el agua con la leche en una cazuela.

Paso 2 Agregue el café al agua hirviendo con la leche y remueva bien.

2. Añada el café y remueva bien.

3. Triture finamente las semillas de cardamomo en un mortero y agréguelas al café. Tape y retire del fuego. Deje reposar de 2 a 3 minutos.

4. Cuele la mezcla de café directamente en las tazas y sirva inmediatamente.

Paso 3 Triture finamente las semillas de cardamomo en un mortero.

Paso 4 Cuele la mezcla de café para quitar las semillas trituradas de cardamomo.

Notas del chef

Tiempo
La preparación requiere aproximadamente 8 minutos.

Sugerencias
Si cuenta con un molino de café, muela usted mismo los granos de café para obtener un sabor realmente fresco.

Variante
Si lo prefiere, no le ponga semillas de cardamomo al café.

PARA 6 PERSONAS

TÉ DE NARANJA CON ESPECIAS

Este té es refrescante tanto frío como caliente y es una forma deliciosa y diferente de servir té.

1 ramita de canela de 1 cm
4 clavos
Semillas de 4 cardamomos
1 litro de agua
3 tiras de corteza de naranja
2 1/2 c/das de hojas de té
Leche al gusto

1. Triture la canela, los clavos y las semillas de cardamomo en un mortero.

2. Ponga el agua en una cazuela grande con la corteza de naranja y deje que empiece a hervir.

3. Retire la cazuela del fuego y añada las especias y las hojas de té. Tape la cazuela y deje en infusión de 2 a 3 minutos.

Paso 1 Triture la canela, los clavos y las semillas de cardamomo en un mortero.

4. Cuele el té directamente en las tazas con un tamiz para té y sírvalo con leche o solo, con una hoja de menta.

Paso 2 Ponga a hervir el agua con la corteza de naranja.

Paso 4 Cuele el té en las tazas con un tamiz para té y deseche las hojas y las especias.

Notas del chef

Tiempo
La preparación requiere de 10 a 15 minutos.

ÍNDICE